中国风俗图志

刘晓峰 李北山 总主编

关中卷

李文龙 绘

韩养民 唐群 著

为民族风俗的传续留念

为中华文化的复兴存根

泰山出版社 · 济南 ·

出版说明

随着当代中国工业化和城市化进程的加快，人们的生活方式快速变迁，乡风民俗正迅速发生变异甚至消亡。对各地的乡风民俗的抢救性记录，成为当务之急。

乡风民俗作为人们生产生活过程中所形成的一种文化现象，因其非物质性，甚至非口头性，只能以文本、影像等形式加以记录保存，但都有其局限性。因此，泰山出版社另辟蹊径，以“图绘+文献”的形式整理、记录、保存中国各地的乡风民俗。

在中国，风俗画有着悠久的历史，是劳动人民热爱生活、记录生活而进行的艺术上的创造。从石器时代的岩画到汉代的画像砖，都以图绘的形式记录了人们的日常生活。到唐宋时期，风俗画的制作已蔚然成风，如北宋张择端的《清明上河图》、南宋李嵩的《货郎图》，不仅形象生动地展示了当时的风俗人情、衣冠服制等，还让画作本身成为艺术珍品。当代风俗画在传统风俗画的基础上，将中国画艺术和民俗主题进一步融合，其作品形式直观、鲜活，充满了艺术的魅力和民间的气息，以特有的艺术形式为我们呈现了正在加速消亡的乡风民俗。

泰山出版社历时四年推出《中国风俗图志》系列丛书，以图绘形式尽可能系统地整理、记录、保存中国各地的风俗，与文字记录、研究形成互补和互释，以“左图右史”的形式加以呈现。二者相辅相成，不仅描述“民俗是什么”，更探究“民俗为什么”；既希望让读者能够记住乡愁，也力图为中国的民俗学研究提供另一种文本。此次推出的《中国风俗图志》系列第一辑共11卷，分别为：“北京卷”“武汉卷”“关中卷”“杭州卷”“苏州卷”“常州卷”“石家庄卷”“吉林卷”“中山卷”“川西卷”及“鲁西南卷”。本卷为“关中卷”，由李文龙先生绘图并撰写图注文字，韩养民、唐群教授撰稿。

为民族风俗的传续留念！为中华文化的复兴存根！这就是《中国风俗图志》这套大型丛书的目的。

总序

风俗和图画，是我们每个人从小就熟悉的两件事物。

以风俗说，人以群居，则事有相沿，浸浸自然成俗。习俗积久，其数必夥，自有聪明之士，兰心蕙目，笔墨志之。是故汉有风俗之书，梁有荆楚之记。以图画说，巧拙不论，凡人从小到大，皆有笔画彩涂的经历。而人最喜欢摹画者，当然是身边诸物，是自己觉得最有意思的生活细节。所以风俗入画，在中国早见于岩画、画像石与壁画之中。今天博物馆留存的中国历代画作，如《清明上河图》这样专以风俗为题材的亦多有。进一步说到文字与图的结合，同样历史久远。流传至今的《山海经》，就是为已经遗失的《山海图》写下的注释文字。而以图插于书中，则更为中西书肆业者共同热心做的事情。因为图文有相互参映之效，所以鲁迅称赞之“不但有趣，且亦有益”。但举目书林，像本套书这样大规模将图画与笔墨并举而为地方风俗图志者，可谓前所未有。《中国风俗图志》将艺术之美与文字之美紧密地结合在一起，擎优美文字介绍一地之风俗，嵌艺术彩墨展示一方之风化，诚可谓具有极高艺术价值，展示深湛审美意蕴，足以令人耳目一新。

总 序

风俗就是我们的生活。每一个人从出生那一天起，就身处于某一地风俗之中，并不知不觉被此地风俗浸染，美之乐之。但是，我们所在的，是一个充满变化的世界。改革开放四十多年，中国的变化天翻地覆。一方面，是城市的巨变。北京，如大饼般一环一环摊开，成为拥有七环的巨大首都；深圳，由南方一个小小渔村变身成千万人生活的现代化城市；在我们注意不到的地方，都市在扩展，以亿万计的人口在涌进城市。另一方面，是农村的巨变。在我们不知不觉间，已经有很多个拥有几百年历史的村庄从这个世界消失。而依旧存在的村庄，也都已经不是旧日的面貌。

1924年，有一位名叫青木正儿的日本学者来到中国。时当中华民国成立刚十几年，社会上新文化运动狂飙突进，正是传统中国社会风俗日渐磨灭的年代。这位研究中国古代戏曲小说的学者走遍中国大江南北，像中国老百姓一样赶早市、逛戏园、进茶馆，漫步北京大小胡同，他发现中国依旧保留有许多古老的风俗。有感于中国社会变化之迅速，他列纲目，选对象，请画师，想为后世留下一部《中国风俗志》，可惜后来由于财力不足，只请中国画师刘延年画下了一百余幅描绘北京风俗的彩图。后有内田道夫教授博采众书，为这些图做了解说，这就是日本平凡社出版的《北京民俗图谱》。二十世纪六十年代老舍睹图，惊叹书中所画许多风俗已不可见。今天的中国，依然行驶在一条迅疾发展的高速路上，城市的扩张、生活空间的巨变，使许多旧日风俗变化甚至消失得无处追寻。风俗承载着我们成长的记忆，但遗憾的是，这些记忆在一天天地消失。时移世迁，令人无限叹惋。有幸的是，我们生活中，有这样一群学者，他们坚持着一笔一画地记录下了故乡点点滴滴的风俗；有这样一群画家，他们用画笔追寻乡土记忆，留下精彩纷呈的风俗图画；更有泰山出版社这样的“及时雨”，把这两群人的力量汇聚到一起。群贤毕力，就是为给亲爱的读者们呈现这套《中国风俗图志》。

神州赤县，江山代有奇文出；彩墨华章，且留胜迹待追寻。相信假以数年，《中国风俗图志》中所记所画，一定会成为留给未来的宝贵精神文化财富。

是为序。

刘晓峰
中国民俗学会副会长
清华大学人文学院历史系教授
2019年12月12日 清华园

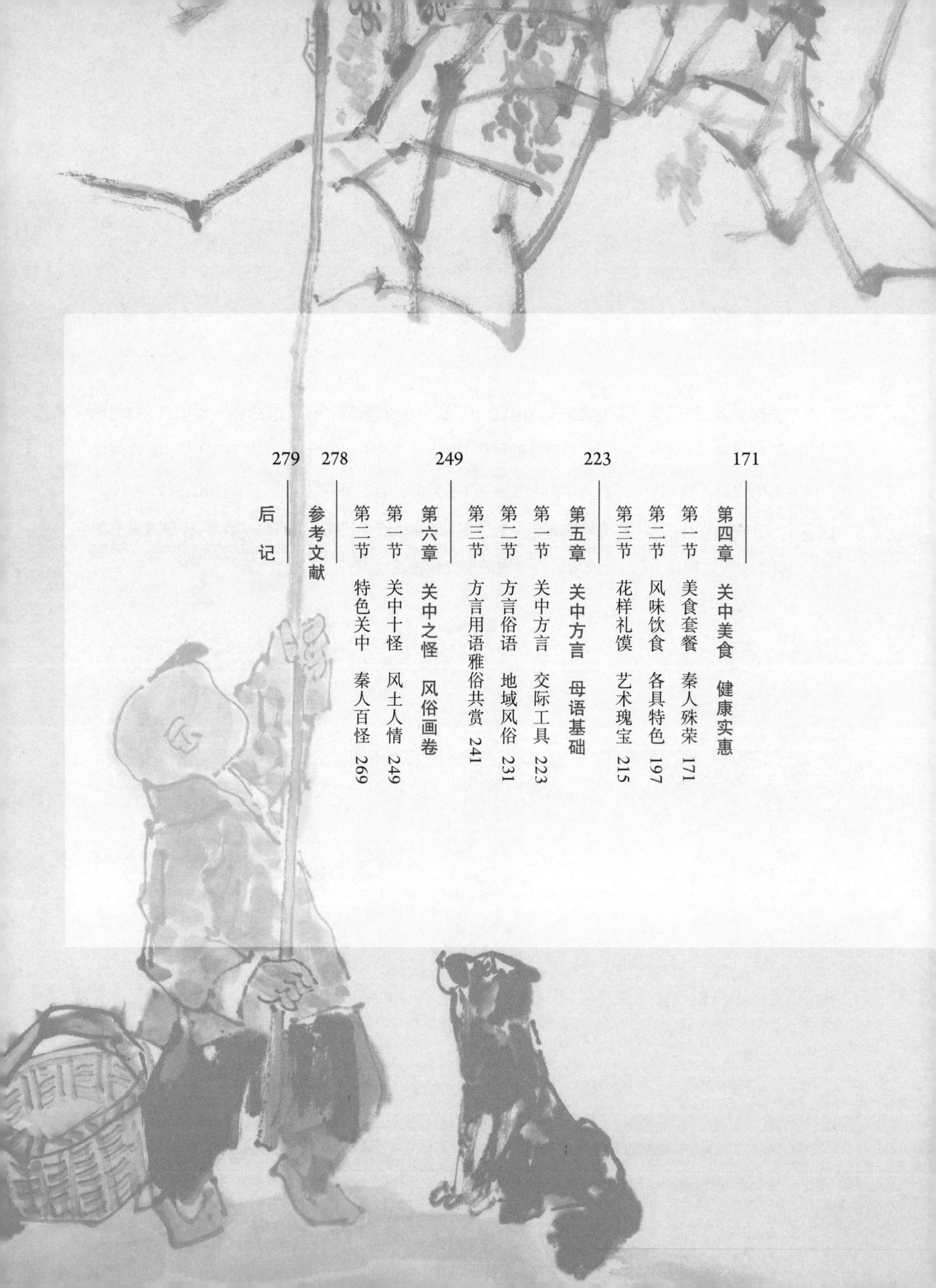

目录

图录

图录

麦客

第一章　关中平原　绝代风华

这是一方雄奇而壮美的热土。

历史，曾经在这里狂飙猛进。滚滚沙尘，赫赫伟业，积淀起周秦汉唐的神勇与豪强。

文明，曾经在这里叱咤风云。卷帙浩繁，绚烂多彩，演绎出大一统的魅力与激情。

滔滔渭水，不舍昼夜，带走了多少毁誉沉浮的英雄梦？

巍巍秦岭，伟岸轩举，凝聚着多少沧海桑田的乾坤情！

八百里秦川山环水绕，气韵沉雄。

五千年文化灿若锦绣，由此肇基。

享誉中外的关中平原，就雄踞在这秦岭渭水的怀抱之中。自从周人在此肇始、秦始皇在这里建立起中国历史上第一个统一的封建中央集权国家，古往今来，多少史家、政要对它光辉岁月评说指点，多少骚人墨客从它的兴衰荣辱中引发怀古幽情。

悠悠沣水，奔流千载；巍巍沣岸，熔古铸今。

这里是古老的沣河旧岸，这里是周礼的肇始之地，这里是中华文化的发祥圣地。

在一个充满神话传说的时期，这里建立起中国历史上延续时间最长久的王朝。这个王朝奠定了中国政治制度的基础，由此创立的礼乐制度成为中国传统文化的核心，并一直影响到现在。

历史的尘烟、战争的烽火，将这个古老王朝无情地湮没了。现在，这里不断出土的青铜器，以及持续挖掘中的周公庙遗址，向世人缓慢地撩开了这个古老王朝的神秘面纱……

关中自古帝王都，周原丰镐肇其基。

“秦王按剑，视山东险阻，膝如几席。叱咤雷霆军百万，势猛山崩河决。”从这里，我们能看到一位横扫天下、气吞山河的封建帝王的雄风霸业。公元前221年，七雄并峙的战国时代落幕，天下大定，华夏乾坤尽归于秦。随后，中国历史上第一个登上皇帝宝座的嬴政推出施政大手笔——废封邑，设郡县，书同文，车同轨，统一货币、度量衡。这一创举，实为华夏民族形成一个统一国家的实质性标志，后来的历代王朝无不沿袭这一建国和治国的模式。其

压饸饹

彪炳史册的千古奇勋，正如一位现代诗人所吟咏的那样：华夏五千载，浩浩古战场。千流归大海，一统在咸阳。车同轨，驰八荒；书同文，著华章。水深土厚豪气壮，天下美名扬！

明代诗人熊鼎在《长安怀古》一诗中写道："立马平原望故宫，关河百二古今雄。南山双阙阿房近，北斗连城渭水通。龙去野云收王气，鹤巢陵树起秋风。英雄事业昭前哲，看取秦皇汉武功。"熊鼎并不是一位著名的诗人，但是他的这首诗却写得雄健奔放，荡气回肠。站在广袤苍莽的咸阳原上，诗人举目眺望，思接千载。遥想当年大秦帝国据山河之险，行王霸之术，建都咸阳，统一天下，"表南山之巅以为阙"，气概恢宏。此诗跳出有汉以来历代政治家和文学家诅咒秦始皇的窠臼，对秦始皇的历史功绩给予了高度肯定，认为他不愧是空前绝后的帝王。

一个全然由华夏文明自身孕育出来的伟大王朝——西汉在西安建都。经过"文景之治"和汉武帝的开疆拓域，中国成为泱泱大国；罢黜百家、独尊儒术，第一次使儒家思想成为中国主流思想。从此，儒家思想伴随着中华民族走过了两千多年。

此后，璀璨绚丽的大唐王朝在西安建都。从一代明君李世民的"贞观之治"到博大辉煌的"开元盛世"，那真是一个云蒸霞蔚、异彩纷呈的时期，中国封建社会在此达到鼎盛。

周、秦、汉、唐，中国历史上强盛的四个朝代，无一例外地选择了在关中平原这一片热土上建都。中华民族的开放、开拓、宽容等一系列优秀的文化心理基本是在这块土地上形成的。

如果说都城是一个朝代文明集中体现的载体，那么丰镐、咸阳、长安就是这些载体中的焦点。中华民族的文化，实际上是在这里整合完成的。从丰镐、咸阳、长安的发展变化，人们看到了中华民族文明发展的过程。

历史已在这里定格。

中华民族走向政治、经济、文化"大一统"的历史，是从这里开始的。

中国由此滥觞并为世界所瞩目。

周文王、周武王、周公、秦始皇、汉武帝、唐太宗……一个个曾经对中国两千多年封建社会产生过深刻影响的名字，就这样同秦岭、渭水之间这片热土紧密地联系在一起。因此，当我们今天试图展示这片土地上的风土人情时，不能不追述一下他们的历史。沿着时光的隧道往前探溯，走进两千多年前的关中地域，我们惊喜地发现：作为东方帝国的中心，关中恰恰正是我们民族文化的根源所在。由此产生的文化底蕴因历史的积淀更加厚重，因岁月的磨洗

捏手谈价

更加辉煌。即便它们散失在残垣断壁，流落于寻常市井，也不会失去尊贵的身份和珍贵的价值。这里有太多的胜迹可供寻觅，有太多的故事可供传说，有太多的遗址可供凭吊，有太多的线索可供探索。无疑，具有特殊文化品格和精神气质的地方，肯定是引人注目、惹人喜欢的，也令人难忘。

历史是什么？雨果说："历史是过去传到将来的回声，是将来对于过去的反映。"

博尔赫斯曾经迎着初升的太阳，又一次诵读卡莱尔在1833年写的一段话："世界历史是一部无限的神圣的书，所有的人写下这部历史，阅读它，并且试图理解它。同时，它也写了所有的人。"接着，他顺着自己的思路，写下了这样一句名言："当我们看一本古书的时候，仿佛看到了从成书之日起经过的全部岁月，也看到了我们自己。"

那么，就让我们一起走进遥远的历史深处，去阅读，去理解，并且去研究关中这片神奇的热土……

第一节　四塞险固　天府之国

关中平原位于中国现有版图的中部，测量中国大地坐标的原点在这里，测量时间的原子钟也在这里。

这里流淌着华夏民族的生命之河，孕育了中华数千年的古老文明，造就出一颗颗古朴而又内秀的璀璨明珠——丰镐、咸阳、长安，这里成为主宰神州大地的帝王之资，成为最悠久、最辉煌的京畿之地，承载着中华民族的历史荣耀和厚重记忆。

关中平原四季分明，有着春的妩媚、夏的热烈、秋的爽朗和冬的寒冷。无风灾，无水患，风调雨顺，物产丰富，这里历来被称为"天府之国"。

磨剪子

一、山水环绕　天然城堡

关中从地理形势来说是被山带河，四塞为固。南边有秦岭横亘，西面有陇山延绵，北有黄土高原依靠，东有华山、崤山挺立，更有黄河环绕，可谓山环水绕，沃野千里。从地势上来看，关中对东部平原地带呈高屋建瓴之势。关中四面有山河为险阻，有几处重要的交通孔道联系内外，又立关以守之。函谷关扼崤函之险，控制着关中与中原之间的往来通道；武关控秦岭东段之险，扼守着关中东南方向的出入通道；大散关扼秦岭西端之险，控制着关中与汉中、巴蜀之间的交通咽喉；萧关、金锁关扼陇山之险，守备着关中西北通道。关中四塞险固，出关可以进取，闭关可以自守。形势有利，就出关进取；形势不利，则闭关自守。从而使关中具备一种能进能退、可攻可守的态势。战国时著名的思想家荀子来秦国考察后盛赞关中："其固塞险，形势便，山林川谷美，天材之利多，是形胜也。"①东汉史学家班固评价关中："左据函谷、二崤之阻，表以太华、终南之山；右界褒斜、陇首之险，带以洪河、泾、渭之川。华实之毛，则九州之上腴焉；防御之阻，则天下之奥区焉。"②唐代诗人袁朗有"二华连陌塞，九陇统金方。奥区称富贵，重险擅雄强"的称颂。

1. 河川

渭河是黄河的主要支流，河床宽广。历史上由于渭河水的长期泛滥冲积，形成肥沃的平原，号称"八百里秦川"。关中平原就是由渭河及其两岸支流共同塑造的冲积平原。它是一个由河流阶地、冲积扇等组成的平原。黄土台塬占关中平原总面积的五分之二。渭河河流阶地区所占面积相当大，是关中平原的主体，"八百里秦川"就是指这一部分而说的。渭河古时水流清澈，对此，唐代诗人白居易有"百里之清流"的赞誉，冷朝阳有"晚来清渭上，疑似楚江边。鱼网依沙岸，人家傍水田"的描写，可见当时渭河环境之好。

渭河作为关中最重要的一条河流，与其南北两岸分布着的大大小小的许多支流，共同形成了一个严密的水网，给关中的经济发展创造了良好的条件。关中的河流像一条条裙带一样，缠绕在渭河的南北两岸。除了著名的"八水绕长安"外，还有洛河、石川水、汧水、褒水、雍水、戏水等，水资源相当丰富。

除了密如织网的河川之外，关中地区还分布着许多的湖泊池泽，如位于潼关西南的阳华薮，位于汧水上游的弦蒲薮，位于三原、泾阳两县之间的焦获泽，以及兰池、镐池等。这些

钉锅

都说明两千多年前的关中大地水网密布，河湖纵横。这些河流除用于灌溉外，有的还用来运输，如渭河、沣河等，著名的“泛舟之役”就是秦人利用渭河进行运输的经典事例。

由于渭河及其支流的冲积，在关中地区形成了广大的平原和台塬。当时的原都比较大，一望无垠，如周原，相当于现在扶风、凤翔、岐山、武功四县的大部分，加上乾县、眉县、永寿三县的小部分，东西长达70公里，南北宽约20公里。在西安附近，有很多高而平的原，如渭河与灞浐之间的龙首原，灞河与浐河之间的白鹿原，灞河与渭河之间的铜人原，浐河与潏河之间的乐游原、少陵原、凤栖原、鸿固原，潏河与滈河之间的神禾原，交河与沣河之间的细柳原，渭河以北的咸阳原（或称毕原、五陵原）等。这些渭河的一、二级阶地，都能用渭河的支流进行灌溉，有利于农业生产的发展。

2. 山脉

关中平原的南面是横贯中国中部的秦岭山脉，是保卫关中平原南方的天然屏障。古时翻越秦岭只有几条顺河而行的山路，异常险峻，有的是在山崖上凿出的栈道，上是绝壁，下是深渊。诗仙李白就有“危乎高哉！蜀道之难，难于上青天！……”之感慨。汉初名将韩信，曾用“明修栈道，暗度陈仓”的妙计翻越了秦岭。秦岭山脉就像威猛的勇士，守卫着关中平原的南方。

秦岭古称“南山”，《诗经》有“节彼南山”之说，《禹贡》有“终南惇物”之记载，《山海经》亦称“南山”，等等。南山之名由来已久，秦岭之名，概为后起，始见于《史记》，谓“秦岭天下之大阻也”。南山亦称“终南山”，《左传》有“终南九州之险也”之说，东方朔有“南山天下之险也”的记录。顾祖禹在《读史方舆纪要》中也说：“盖终南脉起昆仑，尾衔嵩岳。”秦岭孕育了渭河，孕育了关中平原。渭河从秦岭的鸟鼠山发源，数万年来奔流不息，和它的众多支流一起，造就了关中地区的平原地貌。可以说，秦岭护佑了关中平原。有了秦岭，八百里秦川才会风调雨顺，才能够储粮养兵，供养、支撑历史上一个个从关中地域走上历史舞台的庞大的政治军事集团。

二、四塞险固　久治平安

关中地域是一个战略地位极为重要的地区，关中为“四塞”之中。“四塞”是一种笼统的

扶笤帚

说法。关中周围大小关塞甚多，历代有所变化。但地位重要者，则确为东函谷关（或潼关）、南武关、西大散关和北萧关，此四关被称为秦地“四大关隘”。这些历史名关连接着漫漫交通要道，汇聚于古时政治、经济和文化中心的京都长安。这四关之中的地域，因群山环抱，四面关隘而得名关中。秦汉以后，由于四方关隘均设官吏把守管理，使关中久治平安，稳如泰山，多次躲过关外的烽火战乱。

1. 函谷关与潼关

峰峦如聚，波涛如怒，山河表里潼关路。
望西都，意踌躇。
伤心秦汉经行处，宫阙万间都做了土。
兴，百姓苦；亡，百姓苦。

这首元代诗人张养浩的《山坡羊·潼关怀古》，描绘的是外有黄河、内有华山的潼关。诗人驻马潼关西望关中故都长安，感慨横生。

黄河自上游而来，接纳渭水后折而向东，南北两岸，华山、崤山与中条山夹河而立。关中与中原之间的通道，穿越华山和崤山北麓的山地，延绵数百里，极尽险阻，形成了保卫关中平原的重要关口——函谷关和潼关。函谷关和潼关为关中地区历史上两个重要的关口，在崤函要道的两端，有“一夫当关，万夫莫开”之险，负责保护关中东部的安全，历来是兵家必争之地。历史上，函谷关有秦函谷关、汉函谷关和魏函谷关三处，潼关有汉潼关、隋潼关和唐潼关三处。守住函谷关或潼关，才能保卫长安城，保卫关中平原。战国末期，诸侯联兵仰攻函谷关，秦开关迎敌，九国之师望风逃遁。秦始皇六年（前241年），楚、赵、魏、韩、卫联合攻秦，进至函谷关，再次被秦军大败而回。合五国之力，精兵、猛将、谋臣云集，面对函谷关天险，却都无可奈何。秦朝末年，刘邦率军西进关中，出于对函谷关天险的考虑，刘邦未从正面攻击函谷关，而是绕道走武关。东汉初，天水的隗嚣谋划割据陇西，部将王莞献计策：依函谷之险，割据关陇。东汉末年，马超、韩遂十部皆反，屯兵潼关，曹操率兵十万出击，与马超夹关而战，马超兵败西逃。东晋末年，刘裕北伐后秦，取潼关、武关、蒲坂三路攻势，后秦以重兵阻潼关。晋军经过多日苦战，才攻下关中，灭掉后秦……

李渊自晋阳起兵，进入关中后，立即派遣其长子李建成率兵把守潼关以备东方之兵，自己则从容经营关陇，不到一年时间既开创大唐基业。唐天宝十四载（755年）发生了安史

纺线

之乱，安禄山的叛军直抵潼关。唐玄宗昏庸，杨国忠不懂军事，致使潼关失守，令叛军得以侵入关中，玄宗被迫逃往蜀地。唐末黄巢起义军也是由潼关十二连城（又名烽火台，俗称墩台）进兵，攻破潼关，直入长安的。因此潼关道也被戏称为“亡唐之路”。元朝末年，朱元璋攻破潼关，从而平定陕甘。抗战时期，日军轰炸潼关，多次发动进攻，战事不断。潼关军民同仇敌忾，展开了潼关保卫战，使日本侵略军的铁蹄始终未踏进潼关，潼关真正成为不倒的雄关！

2. 武关

武关设地险，游客好邅回。
将军天上落，童子弃繻来。
挥汗成云雨，车马扬尘埃。
鸡鸣不可信，未晓莫先开。

这首南北朝人周弘正的《入武关》诗，说出了武关的险峻，使人如临其境，如历其险。

武关在今陕西省商洛市商州区武关镇东南。武关历史悠久，远在春秋时既已建置，名曰“少习关”，战国时改为“武关”。汉水支流丹江自西北向东南穿越秦岭东段山地，切开一条狭长的低谷地带，成为秦岭东段南北往来的一条通道。这条通道向西北上行，越过秦岭分水岭后，可径至蓝田，下临长安；向东南下行，即至南阳盆地。武关则在其东南出口依险而立，扼守这条通道，成为关中东南门户。因此武关也成为古代兵家必争之地。历史上的武关道金戈铁马，征战频繁。正如清代谭嗣同《武关》诗云：“横空绝磴晓青苍，楚水秦山古战场。”春秋时期，武关便成了秦国胁楚、攻楚的前沿基地。苏秦在策划其合纵计划时，游说楚威王说：“秦起两军，一军出武关，一军下黔中，则鄢、郢动矣。”一语道出了秦占据武关对楚国构成的军事威胁。战国之时，秦以武关为前进基地，不断打击、削弱楚国，先后攻取楚之汉中、南阳及汉北之地。楚怀王三十年（前299年），秦昭王诱使楚怀王至武关后，关闭武关，劫楚怀王至咸阳，威胁怀王割地。第二年，秦军出武关攻楚，取析十五城（今河南南阳地区）。秦始皇统一六国后，曾四次出巡东方，其中两次通过武关道。农民起义首领陈胜的大将宋留，曾率兵攻入武关。秦末汉初，刘邦领兵破武关，战蓝田，入关中，占咸阳，灭秦朝。汉末，关中战争频仍，形势混乱，武关成为各路军阀出入关中的重要通道。唐代郭子仪整兵西出武关，吐蕃闻风而逃。明末李自成义军屯兵商山，出武关，攻入北京推翻明朝。白莲教、太平军、义

老鞋匠

和团攻入武关，震撼朝廷。1932年，贺龙、关向应等率领红三军，激战于武关西之寺底铺，击败军阀刘镇华部，胜利北上。

3. 散关

峭仞奔霆会益门，乱峰中袅一丝行。
更登大散关头望，无数群山此处迎。

散关，又称大散关，在今陕西宝鸡市西南大散岭上。这里山势险峻，层峦叠嶂。秦岭西端与陇山分界处为嘉陵江上游低谷地带，是秦岭西部南北往来的一条重要通道。大散关即在此通道的北端，依险而立。大散关是关中与汉中、巴蜀之间的交通咽喉，为军事战略要地、兵家必争之地。兵家云：北不得散关，便无以图汉中、巴蜀；南不得散关，则无以图关中。它不仅是秦蜀驿路上的重要关隘，也是古代关中的西大门。

通过散关达于汉中、巴蜀的散关道，也是古代秦蜀间早期开辟的交通要道。散关道在唐代被辟为驿路。它是秦蜀诸栈道中保持驿路地位时间最长的一条交通干道。散关道也称故道或陈仓道，古代中国统一王朝，无论定都长安还是开封、北京等地，散关道都是京师连接川、藏、云、贵等大西南各省份的交通纽带。

历史上，散关道上屡次发生战事。楚汉相争时，汉王刘邦采纳韩信之说，“明修栈道，暗度陈仓”，自汉中，经散关，由故道，出陈仓，占据关中。

东汉初，蜀中公孙述欲图关中，遣将李育出散关，被东汉大将冯异击破。建武二年（26年），延岑引兵进入散关至陈仓；东汉末，曹操统率大军出散关，经故道，夺取汉中。228年，诸葛亮出兵散关，围陈仓20天，终因粮尽而退返。“安史之乱”时，安禄山率叛军攻入关中，唐玄宗被迫逃往四川，亦是取道大散关。宋时，金兵南下，进犯陕川，宋将吴玠、吴璘兄弟聚兵扼险固守散关，打败金兵多次进攻。南宋绍兴元年（1131年），吴氏兄弟与金兵在此又进行了多次激烈的战斗，屡立战功，名垂千古。后来，大散关成为金与南宋的分界线。蒙古军攻金时，为避开金人重兵把守的潼关，遣使假道于宋，派拖雷率骑兵三万，入大散关，经汉中、安康东出，进攻金之汴京。明初，徐达略定关中后，分军取蜀，亦自凤翔出大散关。

大散关因战略地位重要，自古以来是关中四大关隘之一。古往今来，许多文人墨客、达官政要都曾到此游览，并留下许多令人铭记的诗篇。据传，曹操过大散关留下了“此道当何难！牛顿不起，车堕谷间”的诗句。唐代王维有“危径几万转，数里将三休”的诗句。特别是

修风汉

宋代大诗人陆游描述大散关的诗最多，影响也最大。陆游一生游历群山，作诗无数，但他一生唯一的一次亲临抗金前线，力图实现自己爱国之志的军事实践，就是在大散关。下面是陆游所作《书愤》五首中的其中一首：

早岁那知世事艰，中原北望气如山。
楼船夜雪瓜洲渡，铁马秋风大散关。
塞上长城空自许，镜中衰鬓已先斑。
出师一表真名世，千载谁堪伯仲间。

4. 萧关与金锁关

萧关，又称陇山关，为关中的西北屏障，方位具体在何处，向有争议，但在宁夏固原东南这一大略方位是没有争议的。陇山山脉横亘于关中西北，自陇上进入关中的通道主要是渭河、泾河等河流穿切成的河谷低地。渭河方向山势较险峻，而泾河方向相对较为平缓。萧关即在陇山山口依险而立，扼守自泾河方向进入关中的通道。萧关是关中西北方向的重要关口，负责保护关中西北的安全。萧关一失，则西北势力取道泾州（今甘肃泾川），下趋长安，便成高屋建瓴之势。历史上来自陇西、河西及青藏高原上的游牧民族是关中西北方向的主要威胁。

这座雄关一经设立，关塞内外就风烟弥漫，战火不断。当时北方游牧民族不时南下，迫使秦国为保障关中地区安全，在此屯兵把守。萧关是关中抗击西北游牧民族进攻的前哨。汉文帝十四年（前166年），匈奴曾入萧关，袭扰北地等郡，杀掠无数，致使关中震荡。从此，汉派重兵把守，加强萧关和关中内地的防守。此时的萧关已成为关中西北部的屏障和门户。汉武帝时，国力增强，重视北边国防。汉武帝曾两次出萧关，巡视西北边境，耀兵塞上，以威慑匈奴。唐武则天时，曾任魏元忠为萧关大总管，率重兵镇守萧关，以备突厥来犯。唐神龙元年（705年），置萧关县。唐至德年间，萧关县被吐蕃占据，关中再一次受到威胁。唐大中十三年（859年），经过一番拼杀，唐又收复了萧关县。北宋时，党项人建立的西夏称雄西北。在宋夏之间近百年的对抗中，萧关一带成为双方对峙前沿。明代为防御鞑靼进犯，又大大强化了萧关道的防守。由此可见，萧关确为控扼要地，是北方各游牧民族向关中进攻的一条主要通道，被历代王朝所重视，并在此修筑边塞重镇。

钉秤

千百年来，萧关道上不仅弥漫着滚滚硝烟，也曾布满了商贾、行旅和使者的足迹。闻名中外的“丝绸之路”，从长安出发，其北路就有一条由中渭桥渡渭水，沿泾河西北行，过萧关，再进入河西走廊。

历史上一些出入萧关的文人墨客也曾讴歌吟咏，留下了许多脍炙人口的诗篇。

唐开元二十五年（737年），河西节度副使崔希逸战胜吐蕃，唐代大诗人王维奉使出塞宣慰，在萧关道作了《使至塞上》的著名诗篇：“单车欲问边，属国过居延。征蓬出汉塞，归雁入胡天。大漠孤烟直，长河落日圆。萧关逢候骑，都护在燕然。”其中“大漠孤烟直，长河落日圆”早已成为千古绝句。

唐朝诗人王昌龄《塞下曲》中云：“蝉鸣空桑林，八月萧关道。出塞入塞寒，处处黄芦草。”

唐朝诗人陶翰《出萧关怀古》中云：“驱马击长剑，行役至萧关。悠悠五原上，永眺关河前。”

明人李汶《甲申防秋有感》中云：“萧关倚剑又年华，鹿鹿川原走传车。”

清人徐乾学《陇山歌送许天玉之官新安》中云：“萧关朝那近北地，酒泉张掖连凉州。”

以上诗句均道出了萧关地理位置的重要。

关中在中国历史上的战略地位，缘于它得天独厚的地理形势。中国地势西高东低，自西向东可分为三个阶梯。关中位于第二级阶梯之上，背靠第一级阶梯的高原山地，下临第三级阶梯的平原地带。在古代，兵家曾用“百二秦关”来形容关中险要，意思是以百万之众攻关中，两万人足以拒之。以两万之师挡百万之众，所恃者乃是其地形地势。关中对中原，在地势上呈高屋建瓴之势，四面有山河为险阻，几处重要的交通要道，又立关以守之，从而形成能进能退、可攻可守的态势。

三、农业发达　天府之国

1. 后稷教稼　文明肇始

载生载育，时维后稷。——《诗经·大雅·生民》

在中国农业文明发展史上，关中地域有着十分独特的地位。这里产生了我们这个农业民

钉马掌

族最伟大的祖先、中国农业文明的创始者——后稷。在咸阳武功镇至今还保存有后稷的教稼台，这虽是后世的纪念性建筑，但说明这一区域曾是后稷教授先民种植五谷的地方，他在这里享受着三千多年绵绵不断的人间香火。这里成为我们这个农业民族重要的精神寄托之地。

后稷是周族的第一位男性祖先，他的母亲是有邰氏的女子，名叫姜嫄。邰在今天咸阳杨凌区、武功县一带。后稷的出生十分神奇，传说他母亲姜嫄有一天去野外，不小心踩上了一个巨人的脚印，不久她发现自己怀孕了，后来产下了一个男孩。姜嫄认为不祥，就将这个孩子丢弃在一个狭窄的小巷里，姜嫄发现马牛经过巷子时都有意避开他；又将他放置到山林里，适逢山林里有很多人；于是姜嫄又将它弃之于河渠的冰面上，结果一个更神奇的现象发生了，许多飞鸟飞来用自己翅膀上的羽毛把他覆盖起来。姜嫄认为这不是一个平凡的小孩，应是一位神人，遂抱回养育，因这个孩子曾被丢弃，遂起名弃。

和一般小孩不一样，慢慢长大的弃颇有志向，他也喜欢游戏，但他的游戏就是种麻、麦、豆子这些庄稼，他种的这些庄稼都长得特别肥美，许多大人种的都赶不上。到他成年时，更喜欢耕种，他能够根据土地的情况来决定种植不同的农作物，吸引了远近的族民都来模仿学习。帝尧听说以后，就把他封为农师（负责农业的官吏），人民大获其利。后来帝舜又把邰这个地方封给了弃，封号后稷，赐姓为姬。闻一多先生对周人姬姓曾做了解释，他认为姬字从“𦣞”，即取义于巨人的足迹，因此姬姓就因姜嫄履大人足迹而生，所以姓姬。后稷及其后人在尧、舜、禹时代都有美德流传于世。

后稷的事功主要表现在：一是能相地之宜，即了解什么类型的土地种什么庄稼长得最好。后稷把土地分成青、赤、黄、黑四种类型，根据不同的土壤分别种植禾、黍、麦、豆，使之各得其理。后稷的这种对土地分类进行种植的方法对后世影响很大，从西周到唐宋，人们一直沿用这种方法来进行种植，如汉代著名政治家陆贾在其著作《新语》中，讲到农业种植时就说：“于是后稷乃列封疆，画畔界，以分土地之所宜；辟土殖谷，以用养民；种桑麻，致丝枲，以蔽形体。”西汉刘向《列女传》中曾提到“别五土之宜，教民时艺嘉谷，致饴有相之道”。可见后稷影响之大。二是“茀厥丰草”，即铲除田间的杂草。后稷教族民根除田间杂草，使黍稷长得丰茂。后稷的第三个功劳就是对良种的选用。根据《诗经·大雅·生民》的记载，后稷在种植农作物的过程中，发现了四种良种，这就是秬、秠、穈、芑。秬即一种黑黍，秠是

爷孙情深

一种一壳两米的黑糜子。古人用秬和香草做原料酿出的酒，味道特别芳香，可用来祭祀，也可用以洁身，十分珍贵。穈、芑是红色和白色的苗，在这里是谷子的专门称呼，也就是我们今天北方种植的红苗谷子和白苗谷子，它们的米质远远超过其他谷类。在当时的人看来，这些良种都是后稷带来的。所以每年收获以后，人们都要举行大规模的祭祀活动来祭奠后稷。后稷的第四大功劳就是教族民进行耕稼。后稷把自己掌握的全部知识无私地传授给所有的民众。

后稷作为周人的祖先，不仅是一位农神，而且已经成为一种标志性的文化符号。他对中华民族的农业文明，对中国民俗生活，对中华民族性格的形成都产生了巨大的影响。倘若没有后稷，没有谷物种植的发明，人类可能还在蛮荒的时代挣扎。正是发达的农耕文明带来了中华民族无比灿烂辉煌、独立于世界民族之林的文化。

也正是在这个意义上，一个农作物名字变成了一个伟大的神的符号。他和土地神一起被人们顶礼膜拜。社与稷连称，成了国家的代名词。北京的社稷坛（今北京中山公园）就是纪念后稷的地方。源于人们对后稷的崇拜和怀念，从西周以来诞生了许多赞美他的诗歌和文章。后稷永远活在人们心中。

甲骨文　社

社即土地神。甲骨文“社”上为土块形，下横代表地平面。在甲骨文中，“土”和“社”本一字，“土”即“社”，“社”即“土”。古人以土块为神祇，崇而拜之，祈求丰年。后世乡村有土地庙，供奉土地公，又称“社公”。春季拜土地神，谓之“春社”。村民聚会娱神，就叫“社会”。

小篆　稷

东汉许慎《说文解字》：“稷，五谷之长。”因此帝王奉祀为谷神。

甲骨文　后

东汉许慎《说文解字》：“后，继君体也。”有发号施令掌管之意。周弃被舜封为后稷，掌管农业。

碾包谷

甲骨文　周

东汉许慎《说文解字》："周，密也。""周"就是在"田"里加四个点，郭沫若先生认为"周象田中有种植之形"，说明周族是农业民族。

2. 土地肥沃　物产丰富

关中平原，原野舒展，土地肥沃，水源丰沛，物阜民丰。《禹贡》中称雍州"厥田惟上"；战国时期苏秦以合纵之策游说秦惠王时，称关中"沃野千里"；汉代张良称关中平原为"天府之国"；司马迁在《史记·货殖列传》中说："关中自汧、雍以东至河、华，膏壤沃野千里……故关中之地，于天下三分之一，而人众不过什三；然量其富，什居其六。"唐代柳宗元在《封建论》中说："秦有天下，……据天下之雄图，都六合之上游，摄制四海，运于掌握之内，此其所以为得也。"关中平原位于渭北黄土台原与秦岭之间，东临黄河，在地质构造上为一块断式地堑，是一个典型的河谷盆地，海拔在320米到900米之间。关中平原土地平坦、肥沃、疏松，便于耕作，是我国农牧业的发祥之地。

一方水土产一方物，丰盛的物产来自肥沃的土壤。汉代人说："夫南山，天下之阻也，南有江淮，北有河渭，其地从汧陇以东，商雒以西，厥壤肥饶。汉兴，去三河之地，止灞浐以西，都泾渭之南，此所谓天下陆海之地，秦之所以虏西戎兼山东者也。其山出玉石，金、银、铜、铁，豫章、檀、柘，异类之物，不可胜原，此百工所取给，万民所仰足也。又有秔稻、梨、栗、桑、麻、竹箭之饶，土宜姜芋，水多蛙鱼，贫者得以人给家足，无饥寒之忧。故丰镐之间号为土膏，其贾亩一金。"[③]唐代颜师古为"陆海"一词作注说："高平曰陆。关中地高，故称陆。海者，万物所出，言关中山川物产饶富，是以谓之陆海也。"汉唐人对关中的这样的评价，非常恰当地说明了关中物产丰饶的特点。

母子情深

第二节　八百秦川　京畿之地

一、丰镐二京双子城

文王营丰，武王建镐，中国出现了东方最早的新型城市——双子城。

据说，新中国成立伊始，建筑大师梁思成先生曾建议在北京西郊辟地建一个新北京，而老城区原样保留下来，作为一个古文化区。梁先生的想法是美好的，只是由于种种原因没能实现。倘若这一建议被采纳，那么我们今天所见的北京，就不会是现在的模样，而会是东西两城并峙，如古装淑女与新派女郎并肩而立，各以其迷人的风韵让人们心仪。

那么，梁思成先生的设想是不是前无古人呢？答案是否定的。其实，早在三千多年前的周代，中国就有了这种独特的城市布局。

周人是兴起于今关中西部武功县一带的一个部落，祖先名弃。周人以农业生产为本，大约在商王朝初年，将活动中心转移到今彬县一带。至古公亶父时，又迁到岐山脚下的周原。

周人在周原的发展很快，随着国力强盛，不断向关中的中部和东部扩展势力，逐渐消灭了商王朝在关中地区的诸侯国。到周文王姬昌时，周商之间的矛盾日益尖锐，于是发生了商纣王拘姬昌于羑里的故事。据说姬昌于狱中行韬光养晦之计，将八卦演为八八六十四卦，从而形成了《周易》一书的主要内容。

相传，早在周原时，周文王在一次游猎途中，于渭水南岸遇到一位白发老人，正在用短线直钩钓河中之鱼。文王颇感奇怪，便与之交谈起来。交谈中方知此人满腹经纶，有治国之才，于是请同车回宫，拜为国师。此人便是以“愿者上钩”而闻名的姜尚，又称姜太公或姜子牙。

文王得姜尚如鱼得水，似虎添翼，在其辅佐下渐成大事。

为了灭商，文王决定把国都从周原迁到更近东方的丰。丰京约建于公元前1136年，其地点就在今西安市西南沣河的西岸。

一般认为，文王迁都于丰是因为这里的自然条件和社会条件更优于周原。但实际上，他考虑更多的可能是军事意义，以此为都，可形成对殷商都城河南安阳的包围之势。

算命先生

只可惜文王迁丰后，尚未实现灭商的夙愿便逝去了。其子姬发继位，是为武王。

武王继承父志，继续准备伐商之大举。在此之前，他于丰京之侧再建一都——镐京。

文王已建丰京，那么武王为什么又要在其侧建镐京呢？

原来，随着国力富强，四方诸侯向周国纳贡献宝越来越多，狭小的丰京已容纳不下，故武王再辟新京。

几年后，武王从镐京出发，大举伐商，于牧野之战中一举获胜，从而建立了周王朝。

关于丰京和镐京的具体规模和布局，现已无从考释。但据文献记载，丰京城里当时建有灵台、灵沼、灵囿等供周王玩赏游乐的场所。据说，文王的灵囿方圆七十里，养有鹿、白鹤等动物；灵沼内则有游鱼和飞鸟等。这些地名沿用至今。

饶有趣味的是，战国人写了一本《周礼》，其中《考工记》谈到了国都的营建。书中说按定规，国都要建成方形，边长九里；城内要有东西和南北交错的街道各九条；每面要有三座城门。城中，宫殿区要居中，朝堂在前，市场在后，左边修祖庙，右边建社坛。布局既要整齐美观，又要错落有致。

有学者认为，《考工记》中的相关记载就是周朝丰、镐两京的大体布局和规划，因为《周礼》一书，记载的就是周朝的一些典章制度。而营建丰、镐二京时，又逢周人刚从周原迁来，故在都城的设计上参照了周原故城的一些成规。

如果此说成立，那么丰、镐两京实际上是一个城市。新建的镐京主要承担处理政务的职能，而原来的丰京则重在举行祭祀祖先等礼仪活动。

丰、镐两京近在咫尺，隔水相望。整个城市虽一分为二，但沣河纵贯，一桥相通，二者浑然一体，从而产生了东方最早的新型城市——双子城。④

这是周人，也是我们整个中华民族建筑史上的一大骄傲。

二、何以为尊有“中国”

1963年，在陕西宝鸡贾村塬出土了一件伟大的青铜器：它是西周早期一位名叫何的宗室贵族所做的礼器——尊（即何尊），被大家称为“中国”之源。

为何说它是“中国”之源？原来，当年青铜器出土之后，经过清除泥土和锈迹等处理，专

我能干的活

家们在何尊底部发现了一篇12行共122字的铭文。

这篇铭文记载了文王受命、武王灭商、成王完成武王遗愿营建成周洛邑的重大历史事件。铭文中的“宅兹中国”，是“中国”一词最早的记载，是指以此地作为天下的中心。在此之前，“中”和“国”两字在商周时期的甲骨文中虽很常见，但作为一个完整的词组出现却从未有过。

何尊的造型在庄严厚重中也透露出“狞厉之美”。其自上而下的纹饰以动物为主题，腹部为饕餮纹，高浮雕的手法让饕餮巨目裂口，粗大的卷角翘出器外，有腾跃欲食的动感，神奇威严。下部为周人崇拜的凤鸟纹，以云雷纹填地，疏密有致，纹饰严谨。静立的何尊散发着谲秘、威仪的气质。

何尊的伟大在于它的铭文价值巨大，仅仅其中两个字，便记录了历史的辉煌，承载着“中国”的文脉，这些当时祭告先祖的文字成为数千年后写给亿万中国人的信。

刻有“中国”二字的何尊，已被国家文物局公布为首批禁止出国（境）展览文物。何尊因其工艺精美、造型雄奇得到盛赞，虽然此处的“中国”并不是现在意义上的中国，但“宅兹中国”展现的威仪和气度，的确值得让所有中国人骄傲与自豪。

三、帝都文化百代传

劝君少骂秦始皇，焚坑事业要商量。
祖龙魂死秦犹在，孔学名高实秕糠。
百代都行秦政法，十批不是好文章。
熟读唐人封建论，莫从子厚返文王。

这是1973年8月5日毛泽东写的《七律·读〈封建论〉呈郭老》。这首七律立意高远，视野广阔，内涵丰富，是咏史的上乘之作。

毛泽东为什么说“百代都行秦政法”？

国家统一　战国时期，各诸侯国分裂割据，严重阻碍了社会的发展。削平割据，实现统一，已是人心所向，大势所趋。秦国经过商鞅变法，建立了比较巩固的封建政权，到战国后期已成为七国中最强盛的国家。公元前238年，秦王嬴政亲政时，秦国地域广阔、经济发展、政

学步

治稳定、兵力雄厚，由秦国完成统一中国大业的时机已经成熟了。秦王嬴政从公元前230年到公元前221年，用了十年时间，先后灭掉韩、赵、魏、楚、燕、齐六国，平定了天下，结束了春秋战国以来诸侯长期割据混战的局面，成就、开创并缔造了中国历史上第一个统一的中央集权的封建制国家。

始皇帝　秦王嬴政扫平六国统一天下之后，发现建立一个体制完备的崭新的大秦帝国有一系列十分具体的问题需要解决，第一件事便是王的称号或称呼问题，遂下令丞相和御史组织有关人员就此进行讨论。先后参加讨论的人员有朝廷大臣、博士（国家的政治顾问）以及文学史学文教方面的官员和专家，最后形成了较为一致的意见，上书秦王：古有三皇，即天皇、地皇、泰皇，泰皇最贵，臣等冒死呈上尊号，王号应称为“泰皇”，其命称为“制”，其令称为“诏”，王自称为“朕”。

秦王批示：“泰皇”除去“泰”字，留用“皇”字；再用上古“帝”位的号，并称“皇帝”。在皇帝下面，设置了丞相、御史大夫和太尉等官职，协助皇帝处理朝政。他们都由皇帝任免，绝对服从和执行皇帝的命令，皇帝具有至高无上的权威。

嬴政把“三皇”（一说为天皇、地皇、泰皇；一说为伏羲、神农、燧人或祝融或女娲）、“五帝”（一说是黄帝或少昊、颛顼、帝喾、尧、舜；一说是太昊、炎帝、黄帝、少昊和颛顼，太昊即伏羲，炎帝即神农）合起来让“皇”与“帝”集于一身，这是王者的气魄，是霸主的胆识！

甲骨文　皇

东汉许慎《说文解字》：“皇，大也。从自，自，始也。始皇者，三皇，大君也。”

甲骨文　帝

东汉许慎《说文解字》：“帝，谛也。王天下之号也。”

嬴政在确立尊号之后，追认秦庄襄王为太上皇。又考虑过去对死后的君主常常根据他们的行为定立谥号，会形成儿子评价父亲、臣子议论君主的弊端，遂对此陈规加以废除。从嬴政开始，称始皇帝，后世以数字计，为二世皇帝、三世皇帝以至万世皇帝，传至无穷。

同时他又根据金、木、水、火、土五行循环往复、相生相克的原理，推算周为火德，秦代周，应为水德。遂更改年始，群臣朝贺都在十月初一这一天；衣服、符节和旗帜崇尚黑色；水

捏泥人

德属阴，而《易》卦中表示阴的符号“--”题为“六”，于是把数目改成以六为纪，符节和御史所戴的法冠都为六寸，车宽为六尺，六尺为一步，一辆车驾六匹马；改黄河为“德水”；一切事情依据法律决定，要冷峻刻薄，以符合五德中水主阴的命数。

推行郡县制　秦朝废除了古代分土封藩的制度，把全国划分为三十六个郡（以后陆续增设到四十多个郡）；郡下设县，郡县的官吏都由中央直接任免和考核，称为“上计”；规定俸禄，如郡守二千石，县令六百石至一千石，县长三百石至五百石等，彻底改变和废除了过去的世卿世禄制，扩大了中央集权的基础，保证了中央政令畅通无阻，一直贯彻到基层中去。更重要的是，秦始皇通过郡县组织将地方的权力集中到中央，再通过“三公”“九卿”把权力集中到自己手里，彻底实现了韩非“要在中央”的主张。秦始皇并不知道，由他设计创立的这个封建行政制度体系，在中国沿用了两千多年（前221—1911年）。

统一文字　自周朝东迁洛邑后，历五百余年诸侯兼并争霸，到了秦统一的时候，在意识形态领域，已如《说文解字》的作者许慎所言，各国“田畴异亩，车涂异轨，律令异法，衣冠异制，言语异声，文字异形”。尤其是文字，据说当时“宝”字的写法，有149种；“眉”字、“寿”字的写法也都在百种以上。在字的结体上，有的柔婉流动，有的疏密夸张，有的体势纵长，有的结构狂怪。从中国书法艺术发展的角度来看，无疑为之提供了丰富的表现形式和内容；但对统一的中国来说，却带来了政治、经济、文化等方面交流上的困难与混乱。秦始皇对此进行了全面的改革，实行“书同文”，“罢其不与秦文合者”，命宰相李斯将当时所有字体统一为一种书写文字——小篆，通令全国使用。

这种在当时纯粹以实用为主、美观为辅的文字书体，最后发展成了东方书法艺术形式之一。可以说，小篆的出现，不仅推动了汉字的发展，也意外地成就了中国书法史上的一次辉煌。

秦之后，无论历史怎样演变，汉文字的统一的趋势始终没有改变。这真是一个让人震惊的奇迹。

统一货币　春秋争霸，战国争雄，大小诸侯国家不同的货币铸就了先秦货币的多姿多彩与美不胜收。现在人们把它划分为刀货、布币、蚁鼻钱、环钱四大货币种类。

齐、燕通行的是一种刀币，也称刀货，是从实用的刀具变化来的。

韩、赵、魏通行的布币，由古代锄草的农具演变而来，其状像铲，所以又称“铲币”。

楚国通行的蚁鼻钱，是从贝壳形的铜币演变来的。蚁鼻钱正面突起，铸有文字，笔画像

搬棒棒

只蚂蚁，两个小口像鼻孔，所以称“蚁鼻钱”。

周、秦用圆形的圜钱。

秦统一六国后，也统一了货币。规定以“黄金”为上币，以镒（20两）为单位，以圆形方孔铜钱为下币，以半两为单位。钱文“半两”与实重相符，这种方孔圆钱从此成为中国货币的主要形式，一直沿用了两千多年。

那么，为何要取这种形制呢？有人认为主要是环形的铜钱便于携带，而方孔的铜钱穿了绳索后不易旋转。也有人认为这种形制表达了古人天圆地方的宇宙观。

秦朝的建立，结束了长期割据混战的局面，建立了中国历史上第一个统一多民族的封建国家。秦朝建立的封建专制的中央集权制度，两千多年来一直为后来的封建朝代所沿用，真可谓“百代都行秦政事”！作为封建王朝大统一的开创者，秦对中国历史贡献之大，几乎没有哪个朝代可与之比肩。⑤

四、长安大秦遥相映

1. 大秦与长安的故事

汉朝时，西方的罗马帝国与汉王朝并峙，遥相辉映，彼此之间仰慕却又无法接触，双方都在猜测对方长什么样，说什么话。罗马人甚至认为中国人也是红头发、蓝眼睛。

当时，中国人称罗马为“大秦”。这个名字是和两个帝国都有过来往的中亚民族创造的。在他们心中，罗马帝国是一个比秦国疆域更为辽阔、国力更为强大的国家，故称其为“大秦”。

中国人接受了这个名字，这是一个非常有意思的现象。中国就是“秦”，称罗马帝国为“大秦”，多少包含着敬意。汉王朝与罗马帝国惺惺相惜，彼此没有征服、侵略的念头。

“丝绸之路”开通后，尽管“大秦”和汉王朝没有官方上的正式来往，但民间的交流却非常频繁。中国的丝绸源源不断地运往罗马。罗马帝国每年要拨大量的款项用于购买丝绸。他们因此抱怨：“奢侈品和女人让我们付出了昂贵的代价。”罗马的客商曾抵达过长安，在西安近几年的考古发掘中，就曾发现过罗马帝国的金币。

老王家肉铺子

事实证明，“超级大国”也可以和平相处，长安和罗马提供了这样的先例。这是人类文明发展史上一个绝无仅有的奇迹：两个实力相当的“超级大国”，在如此漫长的时间和如此广袤的空间里，在竭力东扩和积极西进的历程中，竟然没有相逢……

2. 两千年前的大都市

在汉长安城遗址里发现的文字瓦当中，出现最多的就是“长乐未央”“千秋万岁”“与天无极”“万寿无疆”“富贵”“万岁宜富安世”等文字，这些文字是那样坦然和率直地表达着当时的人们对长生对富贵的追求。

一个满怀壮志的少年王朝就是这样给自己定位的，而这种前无古人的开阔胸怀，也成为汉王朝的主旋律。

作为“丝绸之路”的起点，汉长安城里的市场已经堪称“国际市场”，这个巨大的市场云集四海商贾，聚散天下财物。

现在，从西安城里出来，向西北行进不到5公里，就进入了汉长安城遗址保护区。

两千年前，这里是一个方圆数公里的城池，布满着金碧辉煌的宫殿楼阁。那时，一个年轻的帝国把自己的根基扎在这片黄土地上，然后，以它为中心，不断向外开拓，释放着一个朝气蓬勃的躯体所蕴藏的力量。两千年后，昔日的帝国之都只剩下依然矗立的夯土城墙和散落在漠漠秋田里的残缺基址，另外还有生生不息、繁衍到今天的“汉”的子民。

1956年，中国社科院考古所的专家来到西安，开始对汉长安城进行长达半个世纪的考古勘察。随着考古挖掘，两千年前那个汉帝国的都城的轮廓也越来越清晰。

这是一个略呈方形的都城，总面积为36平方公里，差不多是现在西安城区面积的3倍。和现在的西安城一样，汉长安城也是四面围城，不一样的是，汉城墙并不平直，尤其是南墙和北墙曲折凹凸，犹如天上的南斗星和北斗星形，所以汉长安城又有“斗城”之称。

公元前201年，刘邦打败项羽建立汉朝后，定都何处成为急需解决的问题。当时跟随刘邦打天下的大臣中，很多都是东部的，他们建议把都城定在洛阳。在这种情形下，一个叫娄敬的山东人却力排众议，建议把都城新址选在关中。娄敬的主张得到了张良的支持，他们认为关中地区“被山带河，四塞以为固，卒然有急，百万之众可具也”，同时又是“资甚美膏腴之地”，进可攻，退可守，用张良的话说就是：“阻三面而守，独以一面东制诸侯。”不仅如此，

凤翔泥塑

从发展的角度考虑，西汉王朝继秦而立，秦代开创的疆土东、南面已经面临大海，北面是茫茫草原，西部则是广阔无垠的疆域，定都关中将为开发西部奠定基础。

对于一个从“攻”变为“守”的新王朝来说，都城所在地的自然地理条件十分重要。将长安作为西汉王朝的都城，正是考虑到关中地区的特殊地理位置和优越的自然地理条件，而后来的事实证明此举是非常正确的。据说，当初刘邦并没有经过太多的思想斗争就接受了此建议，不久就起驾入关，由此开始了西汉王朝长达200多年的历史。

3. 怎一个“汉”字了得

在陕西历史博物馆里，有一幅农民扶着犁铧在田野里耕种的图画，画里的情景在现在的关中农村还时常能看到。牛仿佛依然是两千年前的牛，犁也仿佛是两千年前的犁，黄色的土地也仿佛是两千年前的土地，那个“汉”也就这样一代一代传了下来。

汉朝因为汉水得名。在秦末战争中，当项羽和秦军的主力苦战时，刘邦抢先入关，秦王朝宣告灭亡，刘邦被项羽封为汉王。后来刘邦暗度陈仓，平定三秦，又出关和项羽决战，楚汉之争最终以项羽自刎于垓下结束，刘邦统一了天下。这个新的统一王朝被定名为“汉”。

汉王朝灭亡了，那个曾经可以和古罗马媲美的汉长安城，如今也只剩下几截残垣断壁兀自挺立，但是那个朝代的精神气质、“汉”的文化遗存却保持着长久的影响。今天，我们书写的文字叫作“汉字”，我们使用的语言叫作“汉语”，我们的民族叫“汉民族”。“汉”作为一个民族、一种文化的标志性符号，在世界上依然名声响亮。

这是一种什么样的精神气质呢？《宋史》里这样写道：“论史者独取汉、唐混一之事，三国、六朝、五代为非盛世而耻谈之。”这种“盛世”“大一统”的观念正是在年轻的汉王朝最先形成的。《汉书·陈汤传》记载，甘延寿、陈汤经营西域，联合西域诸国围攻匈奴，杀死郅支单于，在向皇帝报告时称：“犯强汉者，虽远必诛！”

那是一个敢于称强的时代，敢于作为的时代，由此形成强烈的国家意识和强烈的民族自尊心。

五、九天阊阖开宫阙

在一次聚会上，日本汉学家池田大作与英国历史学家汤因比兴致勃勃地谈起了华夏文

老井

明。池田大作即兴问道："阁下如此倾情古老的神州大地，假如给你一次机会，你愿意生活在中国这五千年漫长历史中的哪个朝代？"汤因比略做思索，回答说："要是出现这种可能性的话，我会选择唐代。""那么……"池田大作试探地问："你首选的居住之地，必定是长安了？"

不只是汤因比对唐朝如此青睐，中国文化革命的主将——鲁迅也曾为了一睹"唐朝的天空"，于1924年专门"去过长安"，亲身体验。

唐朝是个伟大的朝代。古往今来，多少英雄豪杰、仁人志士都对这个叫作"唐"的王朝倾心不已。它的雄健强盛，它的崇尚功名，它的奋发高蹈，它的醉卧沙场，它的剑胆琴心，它的纵情豪饮，它的绵绵长恨……梦回大唐，其实就意味着对一种生存状态、一种价值追求、一种精神境界、一种理想模式的向往与探寻。

长安城究竟大到了什么程度？据史料记载，唐长安城面积达84平方千米，是汉长安城的2.4倍、明清北京城的1.4倍，比同时期的拜占庭王国都城大7倍，较公元800年所建的巴格达城大6.2倍，是当时世界上最大的都城之一。壮哉，唐朝！

梦回唐朝，带给人最大的感触是：大唐帝国襟怀天下的恢宏气度……

在政治上，"九天阊阖开宫阙，万国衣冠拜冕旒"。其磅礴壮观、雄视天下的皇皇气象，古往今来，为大唐帝国所仅有。

在军事上，"野幕敞琼筵，羌戎贺劳旋。醉和金甲舞，雷鼓动山川"。其叱咤风云、气吞山河的威武气势冠盖古今。

在外交上，"受命辞云陛，倾城送使臣。始觉儒风远，殊方礼乐新"。泱泱大国使于四方，其盛典仪式何逊于当代？

在文化交流上，"上国随缘住，来途若梦行。浮天沧海远，去世法舟轻""大漠无兵阻，穷边有客游"。沧海漠野不以为险阻，熙然绥然，近悦远来，俨然一派抚有四方天下大同的坦荡风姿。

生活在大唐帝国鼎盛时期的国人早已从心理上超越了时空概念的约束——"海上生明月，天涯共此时""长风几万里，吹度玉门关"。唐朝之所以堪为"大唐"，首先在于其朝野臣民心理上的包容天下、广大无边。这种心理作用于人生，则呈现为举国上下普遍持有的积极进取、通达乐观的人生态度。尤其是王勃"海内存知己，天涯若比邻"的千古名句，留给后人

铡草

的是行迹天下，心胸旷达，不患得失于一时，不负大唐帝国抚有四海、天涯为邻的赫赫声名的远大抱负！

这种人生态度，又演绎为大唐帝国重征战、轻生死的勇毅和浪漫：“男儿本自重横行，天子非常赐颜色”“将军三箭定天山，壮士长歌入汉关”“醉卧沙场君莫笑，古来征战几人回”！多么豪迈、勇敢、一往无前！即使是艰苦战斗，也壮丽无比；即使是出征远戍，也爽朗明快：“秦时明月汉时关，万里长征人未还。但使龙城飞将在，不教胡马度阴山。”在日常生活中，即使贬官迁谪，也有同僚相勉：“嗟君此别意如何，驻马衔杯问谪居。……圣代即今多雨露，暂时分手莫踌躇。”即使落第才子，也有挚友诤言：“圣代无隐者，英灵尽来归。遂令东山客，不得顾采薇。……吾谋适不用，勿谓知音稀。”即使失意独酌，也是另一番气派：“闷向酒杯吞日月，闲将诗句问乾坤。”

在唐朝统治的三个世纪中，几乎亚洲的每个国家都曾有人进入过唐朝长安这片神奇的土地。在前来唐朝长安的使臣中，最显贵的人物是波斯王伊嗣俟三世的儿子、萨珊王朝后裔卑路斯。来到唐朝的僧侣中有大批佛教僧徒，还有许多信奉各种不同宗教的波斯僧侣，例如祆教徒。太宗贞观五年（631年），唐朝在长安为祆教徒重建了祆寺；贞观十二年（638年），景教徒在为建立了一所教堂而感到荣幸；武则天时代，摩尼教徒则将摩尼教教义带到了唐朝宫廷。

在长安最负盛名的是从印度“海归”的玄奘所主持的大慈恩寺。高宗李治对这个被授予佛教界最高称号“三藏法师”的出家人尊崇备至，以至于玄奘圆寂后，时常思念感伤，于是在公元669年敕令把玄奘迁葬于樊川少陵原上，同时修建了舍利塔和寺院。今天，这座纪念玄奘的寺院叫兴教寺。

长安城有东、西两个大市场，每个市场里都有许多坊。东市坐落在贵族和官僚住宅区附近，这里没有西市拥挤，环境比西市安静，场面也更奢华；西市则更嘈杂，更大众化，每个坊都被货栈所环绕，而且都有自己独特的商品种类和一位“行头”。依照唐朝法令的规定：每个集市都要陈列出写明其专营货物名称的标志。

唐朝中期以后，茶叶特别受消费者的欢迎。新的饮茶风尚并非仅仅在汉人中流行，据说，来到长安的回鹘人在办事之前，第一件事就是驱马前往茶叶商人的店铺购买茶叶。

很多人想梦回唐朝，是因为那个时期无所畏惧、无所顾忌地引进和吸收，无所束缚、无

打胡基

所留恋地革新与创造。以艺术精神为例，如果说西汉是宫廷皇室的艺术，以铺张陈述人的外在活动和对环境的征服为特征，那么唐朝则是对有血有肉的人间现实的肯定和感受，憧憬和执着。像李白笑傲王侯、蔑视世俗、指斥时弊、恣情任性，动辄“人生在世不称意，明朝散发弄扁舟”，甚至“我且为君捶碎黄鹤楼，君亦为吾倒却鹦鹉洲”，像杨国舅磨墨、高力士脱靴那样的故事，只有在唐朝才能发生。

梦回唐朝，从本质上来说，是追溯“过去传到将来的回声”，是感知“将来对过去的反应”，是寻求精神的洗礼与思想的超越，是对所肩负的历史使命的揭示、阐释与唤醒。因此，读懂了长安，你就会明白为什么如果让英国的汤因比再活一次，他竟愿弃伦敦而就长安的个中真谛。⑥

第三节 驼铃声声 国运昌隆

一、丝路起点在长安

在广袤的亚欧大陆上，曾有一条重要的通道，推动着东西方的贸易往来与文化交流、融合，它就是被德国地理学家李希霍芬命名的闻名世界的“丝绸之路”。它以古代中国的长安（今西安）为起点，经甘肃、新疆到中亚、西亚，最终抵达地中海沿岸地区，是一条横贯亚非欧三大洲的交通干线和贸易通道。它把古老的华夏文明、印度文明、希腊–罗马文明、波斯–阿拉伯文明以及亚欧草原带的游牧文明连接起来，促进了亚欧经济贸易的繁荣、科学技术的进步、语言文化的交流、宗教思想的传播，有力地推进了人类社会的文明进程。

约公元前139年，张骞受汉武帝派遣，作为汉王朝的使节，从长安出发前往西域，寻找并联络被匈奴赶跑的大月氏，合力抗击匈奴。张骞之行前后历经十余年，足迹遍及天山南北和中亚各地。张骞出使西域带回的信息，使古代中国人第一次了解到西方还存在着广阔地域和众多人群，在东西方之间还有交通通道。虽然丝绸之路的交通与贸易在张骞之前就已存在，但张骞是历史上第一位代表国家出使西域的使节，他的出使过程和见闻被明确记录于官方史书流传至今。因此，这一事件在历史上被称为“凿空”西域，标志着丝绸之路的正式开通。张骞从长安出发是没有争议的历史事实。

2014年6月22日，在第38届世界遗产大会上，中国与吉尔吉斯斯坦、哈萨克斯坦联合申报的“丝绸之路：长安-天山廊道路网”遗产被批准入选世界遗产名录，汉长安城未央宫遗址和张骞墓都在入选的系列遗产名单中。这表明，张骞开创丝绸之路的历史功绩和长安作为丝绸之路的起点，得到了国际社会的广泛认同。

汉武帝为打通丝绸之路做出了巨大的努力，于元狩二年（前121年）派霍去病扫清了占据河西走廊的匈奴，并在河西走廊相继设立了武威、张掖、酒泉、敦煌四郡。至汉宣帝神爵二年（前60年），汉王朝正式在新疆设立了西域都护府，管辖的范围包括新疆到中亚的广大区域，确保了丝绸之路交通贸易的畅通和安全。

由于西汉是中国历史上第一个全力经营丝绸之路、发展中外交通的王朝，所以西汉王朝的首都长安城也就成为丝绸之路开辟以后中国历史上的第一个国际化大都市。据《三辅黄图》记载，汉长安城周长26公里，面积36平方公里，是当时的世界第一大城市。

在唐代丝绸之路鼎盛的300年间，长安始终是丝绸之路上最大的国际化大都市，是中外文化交流的中心。唐长安城中建有景教（基督教分支）、祆教、摩尼教、伊斯兰教的宗教场所多处，这是当时中国任何城市无法相提并论的，西安碑林中的《大秦景教流行中国碑》，就是这一历史的直接见证。大量佛教典籍通过丝绸之路传入，使唐长安城变成了一个翻译中心，玄奘在大慈恩寺、义净在大荐福寺主持的佛经翻译工作，影响深远。也是因为如此，佛教八大宗派的祖庭中，有六大祖庭都在长安。这也充分表明了长安在中国佛教历史上的重要地位。

唐长安城作为唐朝的国都，还是整个王朝的地理原点，各级地方行政单位的方位和距离都以长安为基准，《旧唐书·地理志》的相关记载就反映了这一事实。例如：“华州华阴县，属关内道，在京师东一百八十里”；“凤翔，在京师西三百一十五里”；“邓州，在京师东南九百二十里”。白居易在《西凉伎》中自注道：“平时开远门外立堠，云去安西九千九百里。”

这说明隋唐时期丝绸之路的起点仍在长安。

唐代从长安出发，往东通过漕渠和大运河，经过洛阳、扬州可直通海外，到达日本列岛；往北经过太原可至幽州（今北京），远达东北和朝鲜半岛；往西经过兰州，再往西就踏上丝绸之路，再往西南可达吐蕃（西藏），并可通印度；往西南经过汉中，到达成都，再南行通往滇黔；往南经过商洛、襄阳，把长江中游和岭南与长安城联系起来。这个交通网把全国的物资集中到长安，然后西行，在悦耳动听的驼铃声中，穿越浩瀚的亚洲腹地，运往地中海的东岸，真可谓“条条大道通长安”。

丝绸之路的记忆从长安开始，丝绸之路的烟尘从长安散发，丝路古道的驼铃声从长安传出。“那里是西安，丝绸之路的起点，也是我的故乡。”在习总书记“一带一路”倡议提出后，“丝绸之路”新起点正焕发着蓬勃发展的迷人魅力，在列车钢轨上，向着国际大都市的目标不断前行……

二、胡汉杂居大都市

中国文化的强大生命力不仅表现在对外来文化的宽容和包容，还表现在从来不拒绝吸收外来文化的先进内容。中华民族自信而不自大。

作为唐代政治、经济、文化中心的都城长安，居住人口数量为全国之首。当时西域少数民族向往东方乐土，都城长安更是众望所归的圣地，这里云集的西域胡人，有时可达20万之众。塔里木河中游的温宿人入居陕西乾县的很多，所以乾县曾一度以温宿岭为县名。还有帮助唐朝平息“安史之乱”而留居长安的数千名漠北回纥人，以及大批逐利而来的胡商贩客。他们当中有些人腰缠万贯，乐不思蜀，就在长安娶妻生子，长住下来；有些是来长安传经布道的西域僧人，以及入唐求知的西域学子；数量较多的居京人口，是到长安献艺的歌、舞、百戏、幻术（杂技）等高手，与他们相伴而来的是在长安开设饭铺酒肆、歌楼舞榭的胡商胡姬，他们很快就成为唐朝文化大视野中的一道新奇亮丽的风景线。

西域少数民族入居人数的增长，使长安胡化之风盛极一时。西域风尚、服饰、饮食、建筑、绘画、乐舞，并非局限于宫廷，也大盛于民间市井。长安的建筑独具特色，华丽而宏大。但由于佛教的传入，西域佛教寺塔、石窟建筑也出现于洛阳、长安两京，以致佛寺林立，佛塔遍布都城内外。甚至罗马拜占庭的凉殿，也出现在了夏日酷暑难耐的长安。建筑形式仍然是楼阁飞檐，四处积水，水激扇车，雨帘飞洒，座内藏冰。身临这样的处所，盛夏犹如凉秋。玄宗建凉殿后，京城重臣贵族纷纷效仿，建筑豪华住宅，宅内设“自雨亭子”，檐上飞流四注，宛如盛暑中的凉风秋雨。

更有甚者，为了追求时髦，一些贵族竟把西域民族的帐篷搭在了城市里。性情豪放浪漫的诗人李白也不甘落后，在自己的庭院里搭了两顶蓝色帐篷，还在帐篷里接待客人。就连唐太宗的儿子承乾太子，也为胡风所迷醉，处处模仿胡人，宁愿说胡语而不说汉话。他也在皇宫空地上搭建了一顶大帐篷，他本人则打扮成突厥可汗的模样，坐在帐前狼头旗下，亲手把煮熟的羊羔肉切成片大嚼大吃。连伺候他的奴仆，也都被要求穿着西域人的衣裳。

胡服在长安很流行，人们竞相以着色彩鲜艳、翻领、窄袖、紧身的胡装为时尚。这一方面是因为唐朝人崇尚自由洒脱，在着装上追求奇装异服、标新立异；另一方面也因为胡装的确斑斓绰约，男人穿上更为矫健，女人穿了能透出体形的线条美。长安妇女以丰腴为美，喜欢穿宽松的衣服。为了体现腰肢之纤细、曲线之动人，就把紧身窄袖翻领的胡装与宽松华丽的唐装糅合起来，把长裙束在胸前腰下，造成“粉胸半掩疑暗雪”“长留白雪占胸前”的审美效果。除了胡服，长安还流行戴毡帽、穿胡鞋。胡帽有虚顶蕃帽、卷檐高帽、白皮帽、浑脱（毡油）帽等，有用绸缎制的，也有用毛皮制的，帽顶成尖形，饰以花纹和珠宝。胡鞋是一种较为轻便的靴子，多用皮革制成。宫廷妇人学胡人骑马，更是一身胡装：头戴帷帽或裙帽，身穿紧身窄袖衣，足蹬软筒皮靴，显得格外潇洒英武。这不仅是一种外在装饰的模仿，这种模仿还为中原人注入了草原民族那种争强好胜、勇于进取的精神。

长安妇女的化妆，也出现了胡化的趋势。她们在眉间贴花钿，俗称“花子”，所谓“脸上金霞细，眉间翠钿深”；在鬓畔画斜红，用西域出产的植物染料在眉尾处涂上红色；在脸上施胭脂。胭脂原名“支”，产于河西，是用一些色彩艳丽的植物制成的化妆品。匈奴人在河西被汉军击败，失地之后首先想到的是胭脂，痛心疾首地叹曰：“失我焉支山，使我妇女无颜色。”可见西域人少不了胭脂。用石黛画娥眉，用朱红点额头或面颊，这些西域化妆原料和化妆法，使中原玉女佳人更加柔情似水、妩媚动人。用唇膏涂抹后的嘴唇，色彩艳丽，引人注目，只是西域女子喜涂整个嘴唇，而唐女点唇则尚娇小浓艳，正所谓“樱桃小口一点红”。魅力无穷的口红不仅流传至今，传遍世界，而且使用口红涂唇今人更胜古人。此外，她们还用天蓝色、深蓝色的植物膏涂抹眼睑，这种审美趣味也被当代人广泛接受。这些化妆原料和化妆方法，大都来自西域乃至印度、波斯。唐朝妇女不拘一格、突出个性的服饰装扮，反映了唐代文化的博大和超前，社会经济的繁荣与发达。这既展现了唐代丰富多彩的生活，也展现了唐代社会不凡的气度和意气风发的精神风貌。

特别值得大书一笔的是床榻桌椅在中原的广泛使用，使人们的生活质量上升到一个新的高度。中原自古没有床榻桌椅，到了汉代时，人们还习惯于席地而坐，打地铺而卧。西域游牧民族经常迁徙，在水草地上露宿时为了隔潮，就做了一些带活动支架的类似行军床的坐卧工具，平时合起来驮在牛背上，到了水草茂盛的地方宿营时，就打开这些支架，可坐可卧。汉灵帝喜好的"胡床""胡坐"，指的就是西域少数民族游牧时用的这种坐卧工具。在汉灵帝的倡导下，中原使用床榻桌椅的风气盛行起来。经过中原能工巧匠的不断加工改造、雕镂美化，就发展成后来形形色色、质料各异的床榻桌椅：有帝王的龙床龙座，有百姓的板床矮凳，花样翻新，奇形怪状。床榻桌椅渐渐成为人们不可缺少的家庭用具。这些家具的原始形态，是西域少数民族适应生活的想象力和创造力的产物。从席地坐卧上升至床榻桌椅，这是文明的发展，是人的尊严的提升。唐代的床榻桌椅等家具，无论是在宫廷王府还是在市井民间，都发展到了一个相当高的水平，不仅具有使用价值，而且具有审美价值。所以，在中华文明史上应该为它留下色彩华丽的一个篇章。

打马球源于吐蕃，西传波斯后再传至长安咸阳，称"波罗"。唐朝皇亲国戚、达官贵人，都热衷于马球运动，甚至有些人球艺十分精湛，马球成为唐代贵族最为突出的一项体育运动，被后人称为"王者运动"。唐代壁画《马球图》的发现，是当时马球运动得到发展的一个真实反映。《唐摭言》里还记载了有关唐代文人进士与左右神策军的军官们打球休闲娱乐的情景。马球用质量轻而有韧性的木料挖空制成，涂红漆，绘花纹，球杖一段弯曲，亦彩绘。马球场球门分单门、双门两种。单门是一木板墙，墙下开一个一尺见方的孔，加上网，赛手设法避开阻挡者，将球击入门内，击入多者为胜。这样激烈的"军中戏"在唐代妇女中也受到偏爱。故宫博物院还珍藏着一枚刻有唐代打球图的青铜镜，上面有四位唐代妇女骑马打球的场面。王建诗曾说："十对红妆妓打球。"可见唐代城市中妇女的飒爽英姿。

胡化之风无处不在，成为长安普遍的时尚，人们纷纷赶时髦、追浪潮。难怪诗人元稹在他的名篇《法曲》一诗中，发出了这样的感叹："自从胡骑起烟尘，毛毳腥膻满咸洛。女为胡妇学胡妆，伎进胡音务胡乐。火凤声沈多咽绝，春莺啭罢长萧索。胡音胡骑与胡妆，五十年来竞纷泊。”这种胡风盛行的状况，让诗人有些忧虑。《火凤》和《春莺啭》是由西域人演奏的富有西域音乐特点的乐曲，有“多咽绝”“长萧索”的艺术效果，令人伤感。五十年来这种风气经久不衰，是否有些反常？

甚至连酷爱西域艺术和外来文化的大诗人白居易，最初对猛烈而来的西域胡风的影响也不能适应。他在《时世妆·儆戎也》一诗中，就对妇女胡化的化妆提出了异议：“时世妆，时世妆，出自城中传四方。时世流行无远近，腮不施朱面无粉。乌膏注唇唇似泥，双眉画作八字低。妍媸黑白失本态，妆成尽似含悲啼。圆鬟无鬓堆髻样，斜红不晕赭面状。昔闻披发伊川中，辛有见之知有戎。元和妆梳君记取，髻堆面赭非华风。”白居易认为涂了口红“唇似泥”，画了双眉“八字低”，头堆发髻、面抹红脂“失本态”“非华风”，总之是看不惯。不仅如此，胡化之风也引起当时文人史家的不安。其实，对于外来文化的流行，大可不必担心。事实证明其只是对中原文化的补充和局部变异，并不能改变中华文化的主体属性。事实上，对西域文化的吸收，使长安文化更加丰富多彩、五彩斑斓。⑦

第四节　豪爽“犟劲”　秦人性格

一、豪气“犟劲”秦之俗

关中是中华民族发祥地之一，有周、秦、汉、唐等13个王朝曾在这里建都，典籍丰富，文化遗存很多，风俗习惯多有可供追寻的历史渊源。这里的民风民俗既源远流长、根深叶茂，又争奇斗艳、异彩纷呈，为人们所喜闻乐见。

秦人的豪气、犟劲和进取精神，是在历史急剧发展中形成的。如宋代理学家朱熹在《诗集传》所说：“秦人之俗，大抵尚气概，先勇力，忘生轻死，故其见于诗如此。然本其初而论之，岐丰之地，文王用之以兴《二南》之化，如彼其忠且厚也。秦人用之未几，而一变其俗至于如此，则已悍然有招八州而朝同列之气矣！”这里所说的“招八州而朝同列之气”，就是秦人生气勃勃的进取精神所显现出来的豪气、犟劲和进取精神的先导。

曾产生以礼让为基本特征的周俗的秦川大地，又是怎样在周俗基础上蜕变出秦俗中这种生气勃勃的豪气的？这自然有个渐变过程，但其突变，也是有迹可循的。《史记》就记述说：“秦孝公用商鞅之法，移风易俗”，“行之十年，秦民大说（悦），道不拾遗，山无盗贼，家给人足。民勇于公战，怯于私斗”。

秦川大地为什么能产生这种生气勃勃的进取精神和豪气呢？这又如朱熹在《诗集传》上述评后自问自答所说：“何哉？雍州土厚水深，其民厚重质直，无郑卫骄惰浮靡之习。以善导之，则易以兴起而笃于仁义；以猛驱之，则其强毅果敢之资，亦足以强兵力农，而成富强之业，非山东诸国所及也。”这就是秦俗所赖以产生的人文基础。“厚重质直”与“强毅果敢”是三秦子弟的天然禀赋、气质、资性的两个侧面，其中“强毅果敢”是焕发勃勃生机的进取精神、豪气、犟劲的气质、资性源泉。

先秦习尚中的豪气，建立在荀卿去秦游历后所写《天论》中“制天命而用之”的朴素唯物论的基础上，充满不断探索、志在必得、不达目的绝不罢休的进取精神和犟劲。当时，从国君到将相、民众莫不如此。秦穆公霸诸侯、秦孝公用商鞅变法、秦始皇统一六国是这样，蹇叔谏秦穆公改变“先东后西”策略、王翦谏伐楚用兵“必六十万”等生动事迹也是这样，一些重大建设项目也同样如此。

郑国渠修了十年，都江堰的系列工程前后费时近三十年，虽困难重重，但终获成功，二者都为秦的功业做出了巨大贡献。

秦亡后，经楚汉战争，建立起强盛的汉朝。汉承秦制，在中华民族发展过程中，三秦习尚中的豪气与从事功业的毅力与犟劲，又有了新的发展。

在军事家、外交家、政治家中，有以霍去病为代表的在抗击侵略、巩固边防中壮言“匈奴不灭，何以为家”的少年将军；有以“大丈夫当战死沙场，马革裹尸而还”为幸事的东汉名将扶风茂陵（今兴平东北）人马援；有继城固人张骞之后出使西域，以“不入虎穴，焉得虎子”的精神再次开通丝绸之路的扶风平陵（今咸阳东北）人班超；有出使匈奴被扣、流放北海牧羊“渴饮雪，饥吞毡”至死“节不辱”的杜陵（今西安东南）人苏武等。

在科学家、史学家、文学家中，则有扶风郡人马钧、夏阳（今韩城）人司马迁与扶风人班固、班昭等。他们的功业之所以能立，与他们的历史责任感、进取精神、毅力与犟劲是紧密联系在一起的。他们都是“厚重质直”“强毅果敢”的千万三秦子弟中的一员。有些人的事迹还不为人们所深知，如马钧就是这样。

马钧，字德衡，三国时扶风郡人，出身贫寒，因改革织绫机，使其提高功效四五倍而闻名，后被选入朝中，任给事中之职。其口拙不适巧辩，为驳斥“古无指南车”之说，千方百计做出了指南车，连过去看不起他的、嘲笑过他的大臣们也被折服。又革新翻斗车（龙骨水车），“其巧百倍于常”，“儿童可以转动”。利用离心原理，发明连续抛石的攻城武器——“发石车”，抛砖可达数百步。其毅力、犟劲、进取精神都是惊人的。

中国历史经魏晋南北朝至隋唐，三秦志士以其强毅果敢之资光耀史册者更是数不胜数。唐至中期发生安史之乱，唐明皇率众由长安出逃。华州人郭子仪以惊人胆识，起兵讨伐叛军，历经百战，在河北击败史思明，使战局获得转机；肃宗即位，任命他为关内河东兵马副元帅，联合回纥收复长安、洛阳，底定天下。代宗时，仆固怀恩叛变，纠集回纥、吐蕃叛唐，兵临长安，朝野震骇。帝召郭子仪靖难，宦者程无振主政，不与兵。郭子仪募得二十骑赴难，“诸将闻其出，多应之”，吐蕃前锋惊散。他又轻装简从，直赴回纥军营，说服其统帅，与唐联兵，以拒吐蕃。这就是有名的“郭子仪单骑说回纥”。其大将胆识、统帅雄风、三秦豪气，表现得真是淋漓尽致！

安史之乱中，三秦志士脱颖而出与国共存亡的不知凡几。颜真卿、颜杲卿北使的事迹也是十分感人的。文天祥《正气歌》中的“为严将军头”，说的就是颜杲卿拒降不屈、骂贼而死的事，其忠贞不屈的精神，对后世教育作用很大。

三秦志士的进取精神与毅力，使这一时期的科学文化取得了重大成就，如华原人孙思邈的医学、京兆万年人阎立本的绘画。

到了北宋时期，凤翔郿县出了一位思想家、理学家——张载，其辞归故里之后，讲学关中，开创了“关学”，对后世影响较大，与周敦颐、邵雍、程颐、程颢一起被称为“北宋五子”。

进入近现代后，在民族危难中，为反对内战，一致抗日，三秦儿女的优秀代表杨虎城将军与张学良将军一起发动了震惊中外的“西安事变”。

后来抗日统一战线形成，三秦志士的豪气得到进一步展现。抗日初始，西安报刊登载的《新绣荷包》第四段的歌词就是：四绣长安道，平坦路一条，一队队健儿们出征志气豪！还有"陕西楞娃出潼关打日本"的佳话，到处传颂。

西安报刊登载的《新莲花落》：

> 北战场，才冷干，第11路军是好汉，
> 拿短枪，游击战，大显神威平型关。
> 李振西，教导团，一连夺回八架山；
> 许权中，真个凶，忻口一战胜日兵。
> 众英雄，都能干，要和日本走着看……

其中所说"李振西教导团"的战斗，即指孙蔚如、赵寿山所率西北军——十七路军一部在中条山的战斗；"许权中"即中国共产党员、临潼交口人许权中将军，时任西北军师长，率兵在晋中抗战，参加忻口战役。其间，三秦健儿"马革裹尸"者，不知凡几！

抗日战争中，赵寿山将军率领的38军先后奋战在娘子关、中条山，给三秦豪气增添了无限的光彩，使三秦人民得以扬眉吐气！

二、生冷憎倔关中人

关中人，有一个共同的称谓，那就是"关中冷娃"。

"南方才子北方将，关中冷娃排两行"——这是外地人对关中人的总体评价。

这个"冷娃"的"冷"字，形象而不失幽默地抓住了关中男儿的群体性格特点。

在关中方言中，"冷娃"的"冷"字，是从"冷热"的"冷"引申的，其含义非常丰富："冷"是外表冷峻、庄敬实诚、寡言少语、性情耿直、宁折不弯；"冷"是认死理，一根筋，拼命硬干，八头牛也拉不回，倔犟劲上来敢把天戳个窟窿。在关中地域，称一个人为"冷娃"，其感情色彩特别强烈，绝大多数情况下是褒义，有惊叹、欣赏、赞许的意味。

近代比较文学开创者咸阳人吴宓，曾将关中"冷娃"这种群体性格概括为：生、冷、憎、倔。

"生"，体现了关中人独有的精神气质。生相对熟而言，就是不成熟、不老练、野性十足。关中人习惯将那些勇往直前、敢于冒险的人称为“生生”，正如《论语》中言：“质胜文则野，文胜质则史，文质彬彬，然后君子。”关中虽然是中华文明的主要发祥地之一，也是周礼的诞生地，但在历史上，其北边长期是游牧文化与农耕文化的交错地区，因此也受游牧文化的影响。游牧文化的特点就是粗犷豪爽。这里的“生”还与关中人受秦汉尚勇习气的影响密不可分，关中人传承着秦人勇猛刚直、开疆拓土的虎狼之遗风。由于两种文化的碰撞与融合，使得关中人在汉代独尊儒术和宋明理学影响下，既保留有文化守成的性格，又传承着北方强悍文化特有的精神气概。

“生”和“冷”是关中人给外地人的第一印象。关中人会让你觉得陌生，冷然如冰，不好接近。外人或觉得关中人冷傲，或觉得关中人木讷，这都是被表面现象所惑。在西安，流行这样一句话：“关中人的心，像西安的大马路；关中人的脸，像临潼的兵马俑。”这是外地人对关中人的评价。

关中人注重修身养性，陶冶人格，冷静处世，善御感情，不以物喜，不以己悲，宠辱不惊。这是受了“君子欲讷于言而敏于行”古训的影响。在关中地域，经常可以看到，有不少男人，特别是中老年长辈，不苟言笑，表情严肃，在下属和晚辈面前，脸拽得平平的，面冷得像挂上霜一样，甚至在妻子面前也不改这一德行。在许多家庭，都有个有趣的现象，关中男人对妻儿纵然有满腔的感情，也不会表现在脸上，挂在嘴上。关中人最常说的一句话是“宁给个好心，不给个好脸”，对子女更是如此。所以当儿子的，自小就十分敬畏父亲，甚至长大成人后也是如此，以至父子之间在一起时基本无话，可以说相对无言。

著名电影导演、咸阳人张艺谋，有一次在接受凤凰卫视节目访谈时说：“我爸在电话里跟我从不谈，这种习惯，好像从小就养成的。我跟我爸单独谈话的时候，我好像话也不多，从来都是一问一答式，九十年代我都四十多岁了，跟我爸都是那样子。”确实，关中的男人话很少。

所谓“憎”，东汉许慎《说文解字》：“憎，恶也。从心，曾声。”意为：憎恨、嫌恶。一个“憎”字深刻准确地体现了关中人爱憎分明、疾恶如仇的性格特征。生长在皇天后土上的关中人，最讲究一个“实”字、一个“直”字。耿直、直率也是关中人最典型的性格特征之一。

“倔”是关中人最独特的性格脾气。“倔”意为：坚忍顽强，执着，九头牛也拉不回头。南朝梁顾野王《玉篇·人部》：“倔，倔强。性子直，态度生硬。”也就是人们常说的关中人“认死理”“一根筋”“宁折不弯”。

关中地域的男女，与朋友交，义气为先。脾气相投，性格合得来，便能掏心窝与之谝个半宿；一旦性格不合，正眼也不会瞧一下，有时一句话噎得他人半天回不过神来，正是话不投机半句多。对于看不惯的事情，往往会当面说出来，管你爱听不爱听。如果认为你的人品不好，不管你是领导还是长辈，正眼也不会瞧你一下，但很少干那种桌面上握手、脚底下使绊子的事情。也许，还会当面和你争执，甚至拍桌子争吵。

受了一点委屈，还能扛住，但如果吃亏大了，那就会像“秋菊打官司”一样，非争个是非曲直不可。

生、冷、憎、倔，说明关中人直爽、刚正、坚忍、爱憎分明，为人处事不拐弯抹角，不搞阴谋诡计，不会见风使舵。这几个字形象地反映了关中人的脾性、品质和性格，同时也能深刻体现出各民族文化融合的历史沉淀。关中是中华民族农耕文明的发祥地，关中人身上既有中原民族积淀千年的优秀品质，也不可避免地保留着游牧民族“质朴”文明的影响。

一方水土养一方人，这就是在关中独特的地理和历史环境中，繁衍生息着的关中人。

注释

①荀况：《荀子全译》，蒋南华等注译，贵州人民出版社，1995，第339页。

②范晔：《后汉书》卷四十上《班彪列传》，中华书局，1965，第1335页。

③班固：《汉书》卷六十五《东方朔传》，中华书局，1962，第2849页。

④参见唐群：《山水与城市——诞生在秦岭渭水间的都城》，陕西人民出版社，2012。

⑤参见唐群：《秦都咸阳遗存文化研究》，陕西人民出版社，2013。

⑥参见韩养民：《中国民俗史·隋唐卷》，人民出版社，2008。

⑦参见韩养民：《中国民俗史·隋唐卷》，人民出版社，2008。

春分前后

第二章　节日长安　岁时民俗

每个民族都有自己的节日，我们的传统节日是在长期的历史积淀中形成的，它萌芽于先秦，定型于汉代，盛行于唐宋。它给辛苦劳累了一年的人们提供了一个非常轻松、自由的氛围，使平淡的生活出现了些许光彩。节日里，人们的身心得到不同程度的调适，增加了群体的亲近感和凝聚力。节日积淀了世世代代人的情感、愿望、伦理和信仰，是人类生活的“活化石”，也是牵动人心最多、体现民族智慧、传承民族精神的载体，是社会的黏合剂，更是中华儿女心中永远唱不完的美妙的歌曲。

长安则是中国传统节日文化的破晓之地……

第一节　新春佳节　辞旧迎新

一、春节定型于汉长安

年节形成于汉代，这不是没有原因的。春秋战国之时，中国四分五裂，数百年间，战乱不息。虽有一些小康之国在丰收之年进行庆贺，却不能演变为普遍流行的风俗。秦代在一统天下的短暂十余年中，徭役繁重，赋税苛酷，怎能形成万家欢乐、歌舞升平的年节风俗？到了汉代初年，由于“休养生息”政策的推行，社会经济日趋繁荣，社会秩序比较稳定，人们的生活情趣日益丰富，于是，形成年节风俗活动的历史条件成熟了。

忙罢追节

1. 长乐宫首行朝贺礼

春节既是驱邪祈福、辞旧迎新的佳节，又是礼仪繁多的节日。在汉代春节官方礼仪活动中，朝贺之礼，广为人们所关注。在出身低微的汉高祖刘邦当了皇帝之后，一度废除秦朝礼仪。那些同他一起打江山的开国功臣，多系屠狗、织苇之类的布衣，举止粗豪。每当朝会、庆贺之时，一些人开怀畅饮，大呼大叫，更有甚者，醉后起舞，拔剑击柱，朝堂一片混乱。当此之时，善于察言观色的原秦朝博士叔孙通，就入见汉高祖，自告奋勇愿为汉朝制定一套简便易行的朝仪。汉高祖大喜，立即批准。叔孙通遂召集了二三十个儒生，与其入关，在栎阳演习朝仪。

秋尽冬来，适值换年添岁。那时汉承秦制，施行颛顼历，以九月为一年之终，十月为一年之始，十月一日为元旦。此时恰值萧何上奏长乐宫告成，汉高祖遂令君臣至长乐宫欢庆新年，并让叔孙通教习群臣举行贺礼。

百节年为首。汉高祖七年（前200年），元旦来临之际，各地诸侯王与文武百官，均至长乐宫朝贺。天色微明，谒者引诸侯王、各级官吏依次上殿，序列东西两旁，大殿上郎中执戟，陈列仪仗，异常森严，及至高祖乘辇升殿，侍臣连声传警，诸侯王、三公九卿等上殿一一拜贺。人人尊礼，个个肃敬。礼毕赐宴，君臣按官位高低依次捧杯上寿。宴会自始至终，无人笑闹喧哗，礼毕，汉高祖不由得大喜道："我今日方知皇帝的尊贵了。"遂加赏叔孙通为奉常，赐金五百斤。叔孙通导演的朝仪，也叫朝贺礼或朝岁礼，其核心是严明等级秩序，以体现贵贱尊卑有别。这一礼仪为后世统治者传承，成为春节经典礼仪，并加以装扮和粉饰，形成了一种君臣之间庄严肃穆、令人敬畏的节日礼仪。这是汉高祖执政后第一道节日礼仪的盛宴。

2. 正月为岁首颁布于未央宫

节日文化是人类发展到一定阶段的产物，远在人类发展的童年时代，先民也曾经历过漫长的"山中无历日，寒暑不知年"的岁月。节日的产生与天文、历法、数学的发展密不可分。随着天文观测、占星术的进步，先民逐渐认识到北斗星是时空的坐标，把它当作四季变化以及人间命运的主宰，出现了观北斗星、崇拜北斗星之俗。先民依据北斗星旋转长柄所指方向来确定月份。古代夏历以寅月，即现在农历的正月为一年的开始；殷历以丑月，即现在农历十二月为一年的开始；周历以子月，即农历十一月为一年之始。秦始皇扫六合，向全国推行颛顼历，以立春为一年节气的计算起点，即以农历九月为一年之终，九月二十九日为除夕，以十月

关中马拉社火

關中馬拉社火

关中马社火

为一年之始，十月一日为元旦，汉初依然沿用。但颛顼历不准确，朔望变化周期与四季顺序错乱、不协调，影响农业生产。到了汉武帝时期，经济繁荣，政局稳定，文化发达，社会迸发活力。修改颛顼历，重定正朔（正朔，一年的第一天；正，一年的开始；朔，一月的开始）已成为天文学家的共识，呼声日高。那时，岁首时间游移不定，时而十二月，时而十一月，时而十月，节日体系难以形成。

汉武帝元封七年（前104年）十一月甲子日，适逢合朔（初一），又是冬至，汉代人认为这是理想的历元，是历法起算的佳机。太史令司马迁，太中大夫公孙卿、壶遂等人上书汉武帝，"历纪坏废，宜改正朔"。雄才大略的汉武帝采纳司马迁等人的建议，召集民间天文学者，收集了十八家不同的历法，由司马迁、公孙卿、唐都、落下闳等人，以日影测量为依据，修订历法。这一年五月，宣布改元，改元封七年为太初元年，向全国颁行新历，史称"太初历"。太初历首次把二十四节气订入历法，这是我国历史上第一部比较完整的历法。

太初历以农历正月初一为岁首，岁首时间一旦固定，意味着二十四节气和月份的对应关系基本固定，人文时间和自然时间易于协调。太初历的特点之一是以冬至为天文年的起算点，冬至成为节气的起点、计算时令的基点。如冬至后第三个戌日为腊日（十二月初八），冬至后四十五天为立春，冬至后百五日是寒食，冬至后百六日是清明。可见，太初历的推行，为节气的确定和节日的定名奠定了基础，使传统的岁时节日有了较为固定的时间，为春节的形成、定型创造了时间条件。

太初历修订于未央宫，下诏于未央宫，推广于未央宫。坐落于汉长安的汉未央宫是中国传统节日——春节的破晓之地。

二、辞旧迎新乐万家

春节是中华民族，特别是汉族最隆重的传统节日。在民间，习惯地称为"过年"。即每年农历正月初一，为过年。从腊月二十三日"祭灶"开始到翌年正月十五日过"元宵节"，都是过新年的范围。在最早的甲骨文中，"年"的写法是"禾"，是在"禾"下连写两笔，整个字形像茎长根深的黍形，用以表示五谷丰登的意思。由此看来，"年"本是一种植物，是谷类植物的统称。

关中人背社火

甲骨文 年

东汉许慎《说文解字》:“年,谷熟也。”五谷成熟之意。

在民间有一个传说:远古时代,有一种凶恶的怪兽叫作“年”,每到岁末,会来到村庄吃人吃牲畜,人们害怕极了。有一次“年”去一个村庄,走到村边,听见牧童噼里啪啦的鞭子声就吓跑了。第二天它跑到另外一个村庄,看见一个小孩穿着红色的衣服,也吓得跑了。第三天它又窜到第三个村庄,看到村里灯火辉煌,照得它头昏眼花,又被吓跑了。这样连续三天它都不敢进村,最后饿死在了荒野。人们总结出“年”有三怕,即怕“响”、怕“红”、怕“光”。于是每当岁末,人们就张贴用红纸写的对联,并敲锣打鼓,鸣放鞭炮,灯火通明,彻夜不息。这样,危害人类的“年”就不敢进村了,时间长了,就形成了既定的节日风俗。

1. 写春联

春联是从桃符演变而来的。传说,古代的东海度朔山上有一棵盘曲三千里的大桃树,它的枝叶伸向东北方的鬼门,万鬼皆由此门而入。树下有两位神仙,一个名叫神荼,一个名叫郁垒,时常把守着鬼门,监视鬼的行动,发现有为非作歹者,即用绳子捆起来喂老虎。于是每逢过年,人们就用两块桃木板,上刻神荼、郁垒的画像,竖立在门前,以避邪,这就是桃符的来源。王安石《元日》诗云:“爆竹声中一岁除,春风送暖入屠苏。千门万户曈曈日,总把新桃换旧符。”

由竖桃符到贴对联,是从后蜀主孟昶开始的。孟昶亲笔书写的“新年纳余庆,嘉节号长春”,可以说是中国最早的一副对联。

春节期间张贴的对联,叫作“春联”。春联还包括“春条”(单联)、“春语”(一段祝贺春节的话)、“斗方”(在一块方纸上写的字)等。春节期间,家家户户的门庭院落,到处都张贴着鲜艳夺目的春联,如“岁岁平安日,年年如意春”,横额:“大地皆春”。春条如“出门见喜”“万福来朝”“竹报平安”等。斗方是在一块方方正正的红纸上,单写一个“福”字。张贴的时候要倒贴,取其“倒”(到)的谐音,有“洪福到来”的意思。“春语”一般是一段祝贺的话或勉励的语言。如“百行孝为首,万恶淫当先”“从俭入奢易,从奢返俭难”。

春联、春条的内容丰富多彩。张贴的时候要因地制宜,有的放矢。如给屋梁上贴“抬头

车社火

见喜”；给银柜上贴“黄金万两”“招财进宝”；给面瓮上贴“米面如山”；给老年人炕头上贴“身卧福地”“寿比南山”；给青年人床头上贴“身强力壮”“少者怀之”；给庭院里贴“满院生辉”“吉星高照”；给牲口厩里贴“骡马成群”“六畜平安”；给粮仓上贴“年年丰收”“五谷丰登”；给火房里贴“小心灯火”“严防火灾”；给斗上贴“日进斗金”；给车辕上贴“日行千里，夜走八州”，等等。总之，内容要有针对性，使人高兴、满意。

2. 除夕守岁

农历腊月三十日的晚上，是年末最后几个时辰，是新旧年交替的时间节点，有“一夜连双岁，五更分二年”之说。关中人最重视过除夕，所以有“除夕守岁”的风俗。守岁，就是守住时间，不愿意让这一年空空地过去。这种风俗已有两千多年的历史。宋代诗人姜夔写了《除夜自石湖归苕溪》十首，其中一首是守岁诗：“千门列炬散林鸦，儿女相思未到家。应是不眠非守岁，小窗春色入灯花。”大文豪苏轼也有一首《守岁》诗：“欲知垂尽岁，有似赴壑蛇。修鳞半已没，去意谁能遮？况欲系其尾，虽勤知奈何！儿童强不睡，相守夜欢哗。晨鸡且勿唱，更鼓畏添挝。坐久灯烬落，起看北斗斜。明年岂无年，心事恐蹉跎。努力尽今夕，少年犹可夸。”

守岁的风俗活动丰富多彩。一般从三十日中午吃罢“年饭”后，就开始准备守岁。这时，家家户户供奉起祖宗牌位，贴上门神、年画、窗花。大门、小门都贴上春联，满院张贴春条、春语，还在大门前挂上一对红灯，贴上赤火（用红绿彩色纸，剪成小长方形，上有钱眼，呈菱形），并贴絮子（用黄表纸剪成，形如赤火）。这时，锣鼓喧天，鞭炮齐鸣。按传统的风俗，这时债主不能来讨债了，即便是穷人家，也可以安心地过年了。

到了掌灯的时候，屋前屋后，灯火辉煌，如同白昼。这时全家人等（凡是在外工作、学习、经商的，都要赶回家里过年），都围坐在祖宗堂前，共享天伦之乐。有讲故事的、谈经验体会的、说笑的，还举办各种游戏活动的，如要纸牌、猜谜语、捉迷藏等。此刻不论辈分高低，男女老少，都尽情欢乐，直到天明，这就叫作“除夕守岁”或“欢度除夕”。

除夕对小孩来说，更是一个欢天喜地的日子。孩子们可以尽情地玩，尽情地乐。夜深了，孩子们一个一个地入睡了。翌日黎明的鞭炮声把孩子们从甜蜜的梦中惊醒时，发现在自己的床头、枕头底下，压着大红纸包，里边装着崭新的钱，这就是传统的“压岁钱”。

二月二龙抬头

3. 祭神灵

每逢春节（过年），关中人都要祭祀神灵，这是几千年来形成的风俗。差不多每个村庄、寨子，都有土地庙、老爷（关帝）庙、城隍庙等。大年初一，各村各社都要为这些庙宇烧香，祭祀神灵。烧香的队伍十分壮观，彩旗招展，锣鼓喧天，人们抬上丰盛的祭品，争先恐后，抢烧“头炉香”（凌晨后第一炉香）。据说烧了头炉香，全年大吉大利，百事遂意。届时，各村各社的锣鼓队聚集在庙宇前，争相比艺，都想以自家的优势压倒对方。人人都想烧头炉香，但是头炉香只能有一家，争烧头炉香时，女婿不让丈人，外甥不让舅父，是常有的现象。

春节期间，家家户户都祭祀家宅六神，即土地爷、天地爷、龙王爷、灶神爷、仓库爷、牛（马）王爷。另外，药行祭孙思邈，木匠祭鲁班，剧院人家祭李隆基，人们将他们作为各自行当的始祖而祭之。

对于这些祭祀对象，都要设立香案，隆重礼拜，“晨昏三叩首，早晚一炉香”。

4. 祭祖先

凡为人者不忘本，因此过年时首先要敬奉自己的祖先。一般的家庭在庭房正屋，摆放祖宗牌位，设立香案，献上供品，隆重祭奠。这都是过年的既定风俗。

一般的家庭在过年时，还要敬奉本族本户的祖宗。绘制祖宗三代的画像，并挂在中堂。用木板制成长约一尺，宽约五寸的木匣，尊称“神匣”，里边竖立已故父母的灵位。如“民故显考×大人讳××之神位”“民故显妣×孺人讳××之神位”。把这些“神匣”按照辈分先后，排列在祭祀案上。灵堂前摆着祭祀食品，并摆上过年的“枣花糕”，以隆重的仪式祭拜。

祭祀食品视家庭贫富而定，有献三牲（牛、羊、猪或鸡、鸭、鱼）祭礼的，有献素（甜）食品的。一般的献饭要有九碗或十二件、二十四件不等。

“枣花糕”是过年时的特制品，用于献供神灵堂、祖宗堂。有高三尺宽一尺的“大枣花”，摆在祖宗堂前显富贵，显示这家妇女的手艺。有的“枣花糕”面白、精致、花色鲜，说明这家妇女心灵手巧。相比之下，那些手笨媳妇做成的“枣花糕”就大为逊色。

5. 拜年

大年初一起床后，第一个活动就是拜新年。先鸣炮焚香，拜祭先祖，然后按辈分大小依次拜新年，祝贺新春佳节。

皮影

家里的拜年活动结束了，再向左右邻居、本家户族去拜年。人们见面时，彼此问候说“新年好”“恭喜发财”，或说“向你拜年”“祝您健康长寿”（晚辈向长辈）。新年伊始，拜年的人群，熙熙攘攘，呈现出一片“年年有余庆，处处气象新”的节日气氛。

从正月初二起，向亲戚、朋友家拜年。先向舅家、丈人家拜年，后向姑家、姨家拜年。再按亲疏远近关系，向亲戚本家一一拜年。这种拜年活动，一直延续到正月十五。朋友之间的拜年活动，可到正月底。

拜年的礼品有厚有薄。关中地区一般送礼馍（糕、油塔、包子），外加点心。新娘（初过门媳妇）礼品，厚于一般礼品。新女婿向丈人家拜年，头一年至少要行“四色礼”（酒、肉、花馍、糕点或其他四件），多至“八样礼”“十二件”不等。回礼（收礼后回送一些东西，表示不空回）也有讲究：女儿出嫁后头一年，没有生小孩以前，回送“蛋蛋馍”（像鸡蛋样大小的白面馍），八个至十六个。生过小孩的回送“枣花”（用面滚成圆柱形再盘旋成形而蒸制的小馍）一至数个（一般视小孩多少而回送多少）。

至于朋友之间的拜年礼，一般只送“南点心”一封（约一斤），经济条件不好的人家送“本地点心”一封。有身份的人，把自己的名片挂在点心封上。这样一来一往，互相拜年，实际上是一种社交活动。

6. 耍社火

社火是流行在民间的一种集体游艺活动。社火是一个总称，包括狮子、龙灯、芯子、高跷、竹马、旱船等。人们把“耍社火”叫作“闹社火”，闹者，竞赛也。要闹出乐趣，闹出艺术，给人一种美的享受。

关中地区常见的社火，有平头桌子社火，即在四方桌子上扮演戏文，由四个人抬着走。如扮演《断桥》，则在三张桌子上，各立白娘子、许仙、青儿的戏剧人物形象。这种社火叫作“哑巴戏”，化妆起来很巧妙，很受人喜爱。比平头桌子高级一点的，要算是芯子了。芯子有平台芯子、杂技芯子、转芯子和挂芯子等。芯子的特点是巧、妙、玄、绝。譬如扮演《赵匡胤千里送京娘》，要使京娘站在赵匡胤手举的蟠龙棍上，这样能给人以玄妙的艺术感受，引人入胜。还有一种大型社火，叫作“山社火”，高达三丈，下面有50多人抬着走。这种社火以人物多取胜，十分壮观。白天常耍的社火，还有高跷（亦称柳木腿），可以来回走动，边走边表演，打诨取闹，绘声绘色。大约关中东府的社火尚武，有马社火，即用马拉车装扮的社火；有血社火，有动

放铳

刀动枪等惊险场面。关中西府的社火尚文，即寓意于戏，讲究精巧，以玄、妙、佳、绝取胜。

从正月初二起，各村社的社火头（负责要社火的头目）就召集有关人，研究本年度要社火的事宜。

要社火的内容和规模，视年景的好坏而定。风调雨顺，国泰民安，人们丰衣足食，传统的社火活动，就此起彼伏，大要而特要之。

要社火的活动，一般按三个步骤进行。

（1）挑战。主张要社火的村社，先由一方装扮几桌社火，名曰“试要”。先在本村社游行，带有发动群众的意思。然后到邻村社去活动。到哪里去活动，哪里必须热情接待。凡社火队伍经过之地，都要设立香案，摆上糖果、饮料，款待对方，并鸣放鞭炮，表示热烈欢迎。这样一日数次去到邻村社要社火游行，名为“挑战”。直至邻村社“应战”，也装扮几桌社火，共同要起来为止。

（2）骂阵。有些村社，本来不想在当年要社火。但是，主张要社火的一方，一日数次去“挑战”，故意激起对方“应战”。他们先礼而后兵，先装扮一些轻松愉快的社火，让对方欣赏，意在引起对方兴趣，共同参与到要社火的行列。若对方固执不要，则挑战的一方，故意在社火的内容中，插进挑逗性的节目，如《伐子都》《取长沙》《杀四门》等，寓意于戏，大骂对方是鼠辈之徒，不敢“应战”。甚至以《战七雄》《灭六国》《三娘教子》《岳母刺字》等节目，来刺激对方“应战”。这样经过一番“挑战”与“应战”以后，双方达成协议，共同要社火，一场轰轰烈烈的社火活动就开展起来了。

（3）下场子。“下场子”，即会演的意思。会演的规模有大有小，或以县为单位，或以区为单位，或以片为单位。地点设在便于周围村社集中的要道上。这天来自四面八方的社火，都集中在“下场子”的地面上，进行规模盛大的表演赛。由各村社的头面人物组成主席团，庄严地坐在主席台上。聘请专家、学者、乡村中见多识广的行家，作为“评审员”认真地评比各社火的优劣。会演开始，鞭炮齐鸣，锣鼓喧天。接着各个参赛的村社，抬着引人注目的社火，按顺序各围绕主席台走一圈，边走边表演，然后在附近的村子里游行。

各村社的社火队伍，经过主席台时，鞭炮齐鸣，掌声雷动。主席台上的评审员共同评出社火的优劣。看社火的群众团体或个人，当场给社火的扮演者披红（挂红绸、缎被面）、插花（戴大红花），并赏给奖金，以示鼓励。看谁家的社火得的奖金多，披红戴花的多，就认为谁家是公认的好社火。

三、团圆和睦赏花灯

农历正月十五日为元宵节，因这天的礼俗食品为元宵而得名。元宵是用糯米粉包裹糖馅做成的圆形食品，也叫作“汤圆”，取其团圆和睦之意。这天的主要活动是观灯，所以也叫作“灯节”。道教称正月十五为上元，七月十五为中元，十月十五为下元，合称“三元”，分属天、地、水三官的诞辰。上元燃灯的记载很早，汉武帝时，就在这天晚上祭祀太乙神（北极星君）。汉明帝从西域引进“腊月赏灯”的习俗，西域腊月晦日，称为“大神变”，该日燃灯礼佛。此俗引进中国后，逐渐发展为赏灯。唐代把赏灯的时间正式定为正月十五。睿宗先天二年（713年）正月十五、十六日夜里，于安福门外展示一巨型灯轮，高达数十丈，上边缠绕五颜六色的丝绸锦缎，霞光万道如花树一般。同时，让“宫女数千人，衣罗绮，曳锦绣，耀珠翠，施香粉”①，在灯轮下轻歌曼舞。还从长安万年县选少女妇人千余，在灯轮下踏歌三日。

据《旧唐书·音乐志》记载，唐明皇（玄宗）每年上元节，都在兴庆宫勤政楼观灯作乐。当时，工匠毛顺以缯彩结为灯楼。灯楼广达二十间，高达一百五十尺，灯楼上悬挂着珠玉、金银穗，微风吹来，金玉铮铮作响。灯上又绘龙凤虎豹，作腾跃之状，栩栩如生。整个灯楼设计构造可谓巧夺天工！那时只要皇帝提倡，就会上行下效，皇亲国戚也竞相夸富斗奇。杨贵妃的大姐韩国夫人更是独出心裁，制作高达八十尺的“百枝灯树”，将其“竖之高山，上元夜点之，百里皆见，光明夺目也”。

民间花灯的花样层出不穷。长安城中彻夜辉煌如昼。唐代苏味道在《正月十五夜》诗中写道：

火树银花合，星桥铁锁开。暗尘随马去，明月逐人来。
游伎皆秾李，行歌尽落梅。金吾不禁夜，玉漏莫相催。

这首诗把唐代元宵夜灯火之盛况和游人之兴致描述得淋漓尽致。

到了近代，各地赏灯的日期虽然不完全一致，但赏灯的风俗已经固化下来了。民国以来，元宵节赏灯的时间一般为三天，正月十四日为“试灯”，正月十五日为“闹灯”，正月十六日为“完灯”。在关中乡村，至今还流传着多首名为《闹花灯》的歌谣：

正月里，正月正，正月十五闹花灯。前头舞的是龙灯，后跟狮子绣球灯、丹凤朝阳灯、对对鸳鸯灯、三请诸葛灯、四马奔腾灯、五子登科灯、六月柳下灯、七夕织女灯、八仙过海灯、九九长命灯、十莲结子灯、十一凤摆雪花灯、十二蜡梅迎春灯、普天同庆闹花灯、迎来五谷大丰登。

正月正，麦苗生，乡里婆娘爱看灯，他二姨，咱们往哪儿看灯走。前边挂的是龙灯，后边挂的是凤灯、三战吕布灯、琉璃梅山灯。梅山灯上一对鹅，扑里扑噔过渭河，渭河两岸两个猪儿灯、弯腰低头老汉灯、龙头拐杖老婆灯、大摇大摆相公灯、扭扭捏捏媳妇灯、抡抡拧拧女娃灯，女娃哭得害脚疼，一下滚到大门上，门上挂个红纱灯，一捶撴了个大窟窿，喇叭吹，鼓咚咚。

龙儿灯、狮娃灯，当中夹着兔儿灯。把这灯，不算灯，东街又来一路灯。辣子灯，一串红，萝卜灯，圆膨膨，白菜灯，一蒲笼。把这笼，不算灯，西街又来一路灯，鸡娃子灯哽哽哽，兔娃子灯打愣愣，狗娃子灯腾腾腾……

歌谣既形象地描绘了关中地域元宵灯会的盛况，又展示了关中花灯品种的丰富多彩。这些花灯不仅技艺水平颇高，而且也极富文化色彩。

1. 送灯与打灯

关中地区从正月初五起，开始送灯活动。主要是舅父给外甥送灯，俗话说："外甥打灯笼——照旧（舅的谐音）。"另外还有干爸给干儿女送灯的。灯的式样很多，有宫灯、碌碡灯（圆灯）、莲花灯、盆灯、羊灯、鱼灯等，还有各式各样的花鸟灯。一般送一对灯笼、十根蜡烛、十根麻花，连送十二年。孩子接到灯后，每晚打（挑）灯成群结队地玩耍、嬉闹。人们把正月十四日晚上的打灯叫作"玩灯"，正月十五日晚上的打灯叫作"闹灯"，正月十六日晚上的打灯叫作"完灯"。"玩""闹""完"各有其含义。"玩"就是尽情地玩，特别是正月十五这天，人们先燃放鞭炮，敬神祭祖，晚饭后在门首挂灯，在屋里院内旮旯拐角燃烛照明，给祖先坟墓烧纸送灯。然后外出看热闹（看焰火、舞狮、龙灯，猜灯谜等）。元宵节的特色活动就是大闹花灯，要大闹特闹，要闹出水平来，看谁的灯笼好，看谁耍灯的技术高，谁就光彩，娃的舅父脸上也增添光彩！到了正月十六日晚上，这是一年灯节最后一个晚上，所以叫作"完灯"。意思是今年的灯节就要过完了，因此要尽情地玩灯，要以灯打灯，把灯打碎、烧掉，这样才开心。因为明年不能打旧灯笼。人们认为，打旧灯笼，舅父就会害红眼病，所以要把灯笼打完。

2. 追灯与躲灯

新媳妇过门第一年，娘家要给闺女家举行盛大的送灯活动，俗称"追灯"。追灯的规模和灯的质量高低，要视娘家贫富程度来定。富贵人家可送玻璃宫灯一对，有楠木架子水泥磨花的，有珠玉宝石镶边的，也有别的样式的。除一对主灯外，还加带一个小花灯，俗称“引灯”，有引导新婚媳妇早生贵子的意思。婆家接收追灯后，新妇即随娘家人到娘家去“躲灯”（一般正月十四日去，十六日归）。

追灯这天，男方家要大办酒席，招待来亲。一般吃两餐，早餐是“四道吃”（喝酒四个菜）、臊子面。午餐的席面更为讲究，常见的有“重八件”（喝酒八个菜，吃饭四个菜）、“十二件子”（喝酒四个菜，吃饭八个菜）、“二十四台”（喝酒、吃饭共二十四个菜）等，不一而足。

3. 灯展

随着时代的发展，元宵节观灯活动更加丰富多彩，规模也愈来愈加庞大。民国以来，关中各地都在元宵节前后，举行盛大的花灯展览。灯的品种繁多，古时的花灯只限于油灯、漆灯、蜡烛灯等，那时的“火树银花”也不过只限小手工业罢了。现在的电子化和机械化，给灯展增加了崭新的内容，如大型的电动灯、机械灯充满灯市，所以观灯活动的规模空前盛大，人数倍增。

伴随着灯展，还有猜灯谜、放焰火等活动。猜灯谜的风俗，古已有之。古人把这种活动叫作“射虎”。如今猜灯谜的活动，盛况空前，成百上千的人都加入这个行列，猜到了可当场领奖。

中国最早发明了火药，有了火药就有了焰火。中国正式开始制造焰火，始于唐代，到了宋时已很盛行。经过元、明、清的发展，焰火的内容不断翻新，技术臻于完善。陕西省渭南市蒲城县的焰火，驰名中外。特别是蒲城兴镇的焰火，最有名气。1987年，蒲城焰火应邀到法国巴黎表演。看完表演之后，法国总统密特朗伸出大拇指赞扬说：“伟大的中国民间艺术！”

诞生于古长安的春节，是中华民族传承两千年的重要节日，在国民心中的地位是迄今为止其他任何传统节日都难以超越的。春节早已作为一个非常重要的文化符号，烙印在每个中国人身上，植根于每个中国人心里，并以一种独特的文化传承方式具体生动地诠释着中国人的民族精神、民族心理、民族性格、民族情感，以及民族智慧。[2]

第二节　清明节俗　祭祖宴游

一、路上行人欲断魂

清明节也叫三月节（在农历三月）。春分后的第十五天为清明，这时太阳黄经达15度，天气晴朗，风和日丽，桃红柳绿的春天来临了。清明既是二十四节气之一，又是传统的风俗节日。自古有在这一天扫墓、祭祖、郊游、戴柳的风俗。谚语说：“清明不戴柳，死后变黄狗。”

冬至后105天谓之“寒食”。从前这天禁火，要吃冷食，所以称为“冷节”“禁烟节”。据民间传说，寒食是为了纪念春秋时被火烧死于绵山的介子推，晋文公下令修火禁。介子推是山西人，所以冷食习俗先在山西流行，后流传到关中地区。最初需要断火一个月，后因为人们长时间吃冷食多生疾病，曹操下令断火不得超过七天，后世逐渐减为三天，现在减到一天。寒食断火后需要重新生火。古代宫中要举行钻木取新火的仪式，民间也有以柳条互相祈火的活动。

清明与寒食本来是两个节日，关中人却把这两个节日合而为一，一般叫作“清明节”。作为一个传统的节日，清明节时一般会举行隆重的纪念活动。少数地区称其为“寒食节”，但过节却是在清明这天。

清明节也叫“鬼节”“冥节”，与七月十五、十月一总称为“三冥节”。古代这三节，都有城隍出巡的仪式活动，并有上坟烧纸等习俗。

清明祭祖的风俗形成已久，秦汉以前就有记载，不过成为固定的风俗，当从汉代开始。据南朝宋范晔《后汉书》记载：“秦始皇起寝于墓侧，汉因而不改，诸陵寝皆以晦、望、二十四气、三伏、社、腊及四时上饭。”“二十四气”当然包括清明，由此可知，汉代继承了秦时的先例，每年清明节扫墓祭祖成为一种较为固定的风俗。

关中地区，在清明节的前几天，就有人到自己祖先的坟地，给坟墓培土，修葺一番。远在外地工作的子弟要赶回家乡扫墓祭祖。因事不能回家的人，也要捎回来一些纸钱，让家里人代为焚烧。出嫁了的女儿，也不例外。清明这天，一家之长率领子孙在祖坟前设香案、备酒食、烧纸钱，诚心祭奠。家家户户在门前插柳，人们认为这样可为死者招魂。咸阳地区长武一带，设有“坟头会”，由会首主持，杀猪宰羊，先在祠堂或神主前举行祭祀礼；再由长者率领男丁到坟前烧纸，然后会餐；最后公布账目并按丁（只计男性）以户为单位分发，剩余的肉和血（熟肉和血灌肠）也分发给各户族，称为“领份子”。节日期间还开展要社火、演戏、打秋千等活动。

桃花节、游水　阳春三月，桃花盛开。临潼以及周围的人们，三两成群前往骊山温泉洗澡，称为“洗桃花水”。此种风俗形成于唐代，以后历代不衰。由于褒姒、杨玉环等古代美人曾在骊宫沐浴，又有秦始皇调戏“神女”被唾、脸上生疮的传说，给骊山温泉增添了神秘的色彩。所以每年的桃花节，前往骊山温泉洗澡的人，络绎不绝。“游水”是流行于富平一带的节日风俗。每年清明节前，用器物到远近各山上，取来“神水”，于清明节当日献于神前，并杀猪宰羊，作为献贡，祈求风调雨顺、国泰民安。

吃官金、合子馍　“吃官金”是民间岁时节令习俗，流传于武功一带。清明节家家户户都要祭扫祖坟，唯有绝户人家（无后继者）的祖坟，无人过问，冷冷清清。为解决这个问题，族长通知各户人家并派人到绝户墓上祭扫，从坟会公积金中拿出一些钱，买蒸馍或麻花散给众人，以资鼓励。“合子馍”是清明节期间人们的风味食品。清明节家家户户都要烙“合子馍”吃，作为节日的重要食品。合子馍有两种：一、韭菜合子；二、菠菜合子。做法是把韭菜或菠菜，拌上臊子或鸡蛋，再加上木耳、豆腐、粉条、调料，然后夹在两页合页面中，用小碗沿边一滚，把面口封住，再放进平底锅烙熟，熟后趁热吃，风味甚好。

二、长安水边多丽人

古俗以农历三月上旬的巳日为上巳节日，据南朝宋范晔《后汉书·礼俗志》记载，此俗汉已有之。但汉以前的上巳必取巳日，为“三巳”。魏以后把节日的时间固定为三月初三。此日人们要到水边祭祀、采兰、嬉戏、洗濯，除去宿垢，祓除不祥，谓之“修禊”。后演变成为人们春日到水边饮宴游玩的节日。此俗在唐代很盛行，是日，人们赴宴曲江，京城妇女亦至曲江踏青。杜甫《丽人行》的诗写道：“三月三日天气新，长安水边多丽人。”反映出当时上巳节的热闹景象。王维也有《三月三日曲江侍宴应制》的名诗传世。据唐末康骈在《剧谈录》中载，每年三月上巳举行曲江游宴，皇帝与后妃赐宴文武百官，百官以赴宴为荣。白居易在《上巳日恩赐曲江宴会即事》中描绘这天去曲江游乐，欣赏皇家乐舞，品尝皇家茶点，他深感荣耀，不禁感叹“荣降天上，宠惊人间”。

长安城南是一著名游览地。这里神禾、少陵诸原高低起伏，山清水秀，风景如画。达官显贵修筑的山庄、别墅星罗棋布。唐高宗的女儿太平公主、唐中宗的女儿长宁公主、唐玄宗时宰相李林甫均在这里建有别墅。诗人岑参、韩愈、元稹等人也在这儿有别墅，杜甫困居长安时郊游的足迹遍及城南名胜。文人对城南情有独钟，因而留下的逸闻趣事多多，其中以博陵（今河北定县）人崔护作《题都城南庄》而得佳偶的风流韵事最为有名。这个颇具传奇色彩的故事在三秦大地妇孺皆知，广泛流传，又被编成《金碗钗》《人面桃花》等戏，久演不衰，场场爆满，很受欢迎。

唐代长安每年清明后三月上旬巳日流行“探花宴”的风俗活动，后固定在农历三月三日。新考中的进士先在杏园（西安大雁塔之南），举行盛大的庆贺宴会，并临时从宴会参加者中，选派“探花郎”二人，骑骏马飞速到各名园中，采摘鲜花。若抢在他人之前采得好花者，会受到奖赏；采不到好花者要受责罚。刘沧在《及第后宴曲江》诗中写道：“及第新春选胜游，杏园初宴曲江头。”孟郊也有诗赞云：“春风得意马蹄疾，一日看尽长安花。”

看牡丹　看牡丹为长安风俗。每年清明节过后不久，农历三月上巳之日前后，牡丹盛开，争奇斗艳。人们纷纷前去大雁塔下慈恩寺中的元果院，观看早开放的牡丹花。稍后，又竞相奔赴太真院，观看迟开的牡丹花。人们都欲先睹为快，不甘落后，热闹异常。诗人徐凝有诗写道：“三条九陌花时节，万户千车看牡丹。”“何人不爱牡丹花，占断城中好物华。”白居易诗云：“共道牡丹时，相随买花去。”“花开花落二十日，一城之人皆若狂。”

斗花、油花卜　清明前后，长安城仕女，在百花盛开、春光明媚的季节里，喜欢插花于身上，或戴花于鬓边，互相竞赛，看谁戴的花多、花好，其中插戴奇花异卉最多的人为胜者，将受到人们的称赞。“斗花”风俗，起源于唐代长安，以后流传于民间，在关中许多的县城、街镇上，都可以看到遗迹。杜牧曾写诗赞扬这样的场景：“莫怪杏园憔悴去，满城多少插花人。”“油花卜”的风俗，流传于关中泾阳、三原一带。农历三月三日，妇女用荠花蘸油，对天祝祷后洒在水中，如果能出现龙凤花卉的形状，就认为是丰收的好兆头。

清明节是一个悲喜交集的日子。如果说祭祖寄托了我们对祖先的怀念、感恩之情，对先贤的敬仰之情，那么踏青郊游则让我们亲近自然、愉悦身心、感悟新生、加深友情。清明节是一个让人惆怅又与人希望的节日，也是一个凝聚民族情感的节日。③

第三节　千古端午　恶月恶日

一、“节日”与“恶日”

在古代流行的传统“节日”中，通常有许多禁忌，这些禁忌与节日的形成不无关系。如“寒食节”禁火就是源于古代禁火习俗，“上巳节”与古人祓禊防疫有关，“重阳节”远游登高旨在避瘟疫。因此，当人们对这些“佳节良辰”进行探幽溯源时就会发现，今日许多普天同庆的“节日”，原来都被认为是极不吉利的日子，非“凶”即“恶”，正是这些“恶月”“恶日”，导致了“节日”的形成。

在这些“恶月”“恶日”中，最典型的就是五月的“端午节”。据文献记载，至晚在战国时代，关中地区就把五月五日当作“恶月”“恶日”，进行驱邪避恶。东汉戴德《大戴礼》云：“五月，……煮梅，为豆实也；蓄兰，为沐浴也。”汉人应劭《风俗通义·佚文》记载，“俗云五月到官，至免不迁”“五月盖屋，令人头秃”“五月五日，忌曝床荐席”。此月此日不宜行万事，即使在这天生子亦被视为不吉之兆。正如民间所说：“俗云五月五日生子，男害父，女害母。”东汉王充《论衡·四讳》对此风俗有所记载：“讳举正月、五月子。以正月、五月子杀父与母，不得已举之，父母祸死。”这里的“举”即“生”的意思。尽管当时有此说法流行于民间，但事实上并非如此。相反，中国历史上许多名人倒是五月五日出生的。例如，战国时以养士闻名遐迩的齐国贵族孟尝君田文，就是在五月五日所生的。当其呱呱坠地之时，其父田婴就欲置他于死地。后来，他母亲私下将他抚养成人。田婴闻讯后怒不可遏，怒斥其母为何未去此子，反而抚养成人。田文见其父大怒，顿首拜伏于地，问不举五月五日子是何缘故？田婴说：“五月子者，长于户齐，将不利其父母。”田文听后，不以为然，据理反驳道：“人生将受命于天乎？将受命于户邪？”“必受命于天，君何忧焉？必受命于户，则可高其户耳，谁能至者！”孟尝君以人生受命于天，则不会妨害其父母，若受命于户，可以加高其门户的道理，驳得其父哑口无言，只好认可。后来孟尝君果然成为一代好客的名士，被齐湣王任为相国。

尽管有孟尝君前人之例，但是到了汉代，这一恶俗仍然在传承。汉刘歆《西京杂记》载：汉成帝时，权势显赫的王凤也是五月五日出生的，其父提心吊胆地将他抚养成人。汉末，在相互倾轧的官场中，有一个政绩平平、说话谨慎、办事模棱两可、待人圆滑世故而官运亨通的不倒翁——胡广。他历经汉安帝、顺帝、冲帝、质帝、恒帝和灵帝六朝，三登太尉。关于此人还有一段戏剧性的故事。据南朝宋刘义庆《世说新语》记载，因为胡广生于五月五日，父母忌于世俗传统观念，将他藏在葫芦中投之于河，幸而未被淹死，后来被人收养。因他乃托葫芦所生，所以给他起名胡广。显然，从战国到两汉，人们一直认为五月五日是“恶日”。这一习俗直到魏晋南北朝时期依然如此。如梁沈约《宋书·王镇恶传》载，南朝刘宋时的大将军王镇恶生于五月五日，家里人因忌讳想把他过继给别人，后来祖父王猛认为，“昔日孟尝君恶月生而相齐，是儿亦将兴吾门矣”，所以才将其留了下来，并起名“镇恶”。

从战国到唐宋，与“恶月”“恶日”结缘的人为数不少，除了齐人田文，汉人王凤、胡广，南朝宋人王镇恶外，唐宋时期也不乏其人，如唐代下笔成章、以文名世的崔信明也是五月五日生。

因端午节与“恶日”有关（也有人认为端午源于“恶日”），从汉代起，端午节的重要活动之一就是避恶。汉代人在五月五日，用青、赤、黄、白、黑五彩丝线合成细索，系于臂上。据说，用它可以驱瘟病，除邪恶。东汉时，依然如此。所以南朝宋范晔在《后汉书·礼仪志》中说，汉代五月五日，“以朱索五色为门户饰，以止恶气”。

显然，汉代端午节作为“恶月恶日”，在北方地区并无节日的情趣，这天的风俗活动以驱除邪恶为目的。五色缕与阴阳五行学说有关，五色代表五方，黄属土，主中央；青属木，主东方；白属金，主西方；黑属水，主北方；红属火，主南方。这五行主五色的观念已深入人们的心灵。因而，五色丝缕看来虽小，却有“驱鬼避恶”的神奇力量。

触摸历史，厘清纷乱变换的表象，可以窥见，禁忌是一种有趣的民俗信仰，千姿百态，异彩纷呈。千百年来它迟迟不肯消退，不愿与人们诀别，依然深藏在偏僻的乡间，残留在繁华的都市里。它在人们身边飘忽，也在世界各民族间游荡，甚至还生出新的禁忌。

二、端阳佳节香气浓

农历五月五日，是传统的端阳节。端者，初也。其时正是夏季之中，太阳正合于正阳的位置，故名。因其五月五日相重，也叫“重五节”。中国古代称初一为端一，初二为端二，依序而称，初五为端五，因此端阳节也叫“端五节”。农历是以地支纪月，正月建寅，二月为卯，顺序至五月为午，所以也叫“端午节”。

端午节是中华传统节日中唯一与气味有关的节日，因为在节日期间，人们会佩戴香包。

1. 香包最早为男子专用

香包，古代称“香囊”，亦称“佩帏”“容臭”“香袋儿”“荷包”。一般用彩色丝线在彩绸上绣制出各种具有文化内蕴的图案纹饰，缝制成形状各异的小绣囊，内装有多种具有芳香气味的中草药研制的细末，以作节令、生活用品，尤其在端午节时盛行。

香包在《诗经》里已有描述，有趣的是，香包出现的早期是由男子佩戴，并且香包并不是只有在端午节时才佩戴，而是日用品。

战国时期，屈原《离骚》中有“扈江离与辟芷兮，纫秋兰以为佩”的描述。江离、辟芷、秋兰均为香草。纫，乃连缀之意。佩即佩帏，在这里既指香包，也含佩带之意。全句的意思是把装满香草的佩帏带在身上。这说明香包早在屈原所处的战国时期已是一种饰物了。同时，它开创了“香草美人”的象征手法，表现品质高洁、情操高雅。当然，“香草美人”指的是男子。

秦、汉、魏晋时期，香包还主要是由男子佩戴。西汉成书的《礼记》云：“五采谓之绣。”香包用青、赤、黄、白、黑五色丝线刺绣而成，色彩绚丽，有装饰衣着、把玩欣赏之审美功用，又因填有特殊的中药材，兼有驱邪、除菌、爽神的功效。《礼记·类则》载：“男女未冠笄者……总角、衿缨皆佩容臭。”汉代未成年的男女晨昏叩拜父母时，必须佩戴香包。由此，香包还具有了礼仪作用。

晋代以后，香包渐被女子、儿童使用。到了唐宋时期，香包为仕女、美人所钟爱。而男性官吏朝服上开始佩戴香包。香包礼仪作用愈加凸显。这一时期，香包出现更为实用的变化，即荷包。香包里主要装的是香草，而荷包里主要装的是“手巾细物”。同时，由于手工艺的发展，香包也有了不同材质，如陕西历史博物馆馆藏的唐代葡萄花鸟纹银香囊，不但用银制作外壁，还利用重力平衡作用，使香料不撒落，显示了极高的设计水平。

清代，香包成为馈赠佳品，尤其是相恋的男女以此作为爱情信物。《红楼梦》第十七回，宝玉与黛玉之间的一次“闹别扭”便是由送香包引发的。这一时期的香包材质形态更为多样，皇家还出现了金丝缀各种宝石的香包，而香包也成为君王赐给臣子的物品。清宫剧《甄嬛传》中对香包多有展现，其中有妃嫔争相为皇帝绣香包，表达爱意的内容。

2. 香包花式好彩头

在中国古代，做香包是妇女们展现女红手艺的最佳机会。从香包图案和绣工可以看出制作者的手艺。从民间现存清代以来的香包看，大多数以花卉和动物为主图，以隐喻象征等手法表达各种情感寄托和美好向往。

在关中妇女绣制香包的各式图案中，用双鱼、双蝶、蛟龙等象征两性和谐；用莲花、荷花、牡丹、梅花等代表女性；用登梅的喜鹊、采花的蜜蜂隐喻男性；用松鹤象征长寿，石榴象征多子。利用汉字谐音比喻者更是随处可见：送给新婚夫妇的“早生贵子”，以枣、花生、桂圆、莲子组合图案；送给长寿老人的“耄耋童趣”，以猫和蝴蝶戏牡丹组合图案，寓意老年生活非常有情趣；送给小孩的“福寿娃娃”以憨态十足的娃娃为主体，周围环绕蝙蝠、桃子组图，寓意多福多寿……

端午节期间佩戴的节令香包，有各种特殊图案，有“五毒”形象的蛇、蝎子、壁虎、蜈蚣、蛤蟆，还有虎、鸡等动物形象，象征着对毒虫、病害的趋避。

3. 香气可以祛疾病

虽然香包发展到今天，增加了装饰的意义，被人们寄托了美好的向往，但香包本身只是一个把香料包起来的布包而已。由于古代妇女人人都做得一手好针线，所以制作的香包越来越精致，而香包的核心仍然是香，也因此形成了最早的“芳疗”概念。

回溯香包的起源，人们把艾草、菖蒲、丁香、樟脑、冰片、苍术、白芷等药材研成粉末，用布包起来戴在胸前，利用它散发出来的香气祛病除害。这也就不难理解为什么香包最早出现在男子身上，因为中国传统男主外女主内的生活形态，决定了男子更容易受到外界疾病的侵害。

闻闻味道就能缓解病情，这其中有什么科学道理吗？清香四溢的香包，里面所装的中草药散发天然的香气，这种香气属中药学理论中的五臭范畴，具有开窍醒神、化湿醒脾、辟秽悦神等功效。因所装药材不同，功效也不同，香包的确有“闻香防病、闻气治病”的作用。

现代医学研究发现，植物的芳香气味，的确对人有疗愈作用。芳香植物具有抗菌、抗病毒、增强免疫、镇静神经等作用。芳香物质可以通过嗅吸或皮肤涂抹进入人体的血液和神经系统，产生调理和保健的作用，平衡、协调身体各系统的运作。而嗅吸香气，还可以纾解压力，平衡情绪，调节行为反应。

端午节香囊里面常用的香料有：

艾叶：鲜艾叶烟熏能对金黄色葡萄球菌、乙型溶血性链球菌、大肠杆菌等细菌起到杀灭作用。此外，艾叶还有理气血、逐寒湿、温经、止血等功效。

菖蒲：叶片含有挥发性芳香油，外用能杀虫灭菌，内服则有清凉、健胃、祛风、提神等作用。

丁香：为芳香健胃剂，有缓解腹部气胀，增加胃液分泌，增强消化能力，减轻恶心呕吐等作用。

樟脑：有通关窍、利滞气、辟秽浊、杀虫止痒、消肿止痛的作用。

冰片：有开窍醒神、清热止痛、止痒生肌的作用。

香茅草：有柠檬的芳香，全株所含挥发精油，能祛风除湿，净化空气，还能防蚊虫。

青蒿：全株有香气，所含的挥发性精油占全草的0.3%~0.5%，主要成分是桉油精、古旋樟脑等，全草可以提取青蒿素，能清热解毒，还能抑制病菌生长。

苍术：有燥湿健脾、祛风散寒、明目等作用。

白芷：祛风除湿，消肿止痛。

用艾叶、苍术、白芷等中草药在室内煨烧，更有辟秽、消毒、净化空气、驱灭蚊虫的功效，对净化居住环境有一定作用。

4. 香包是端阳节的文化符号

五月俗称“毒月”，根据晋周处《风土记》记载，农历五月五日为阳极之日，又叫中天节，有制造各式各样避邪物的风俗。而在《荆楚岁时记》中，也记载着每逢端午节这一天，有以艾草剪成老虎的形状，或者用布剪裁做成小老虎，来避除一些有毒东西的作法。另外东汉应劭《风俗通义》上面记载，人们认为用五色彩线系绑在小孩子的手臂上，可使他长命百岁，因此这种五色线又叫作长命缕。慢慢地，这两项风俗逐渐合而为一，演变成用五色彩线系着一个装满香料粉末的小布袋给小孩挂着，防止毒虫侵扰，有祛毒避邪的功用，并成为一种吉祥的象征。

端午节佩戴香包这一习俗和端午节所在的夏季节令相关：夏天是生命力旺盛的季节，虫害易生。芳香物质是植物的防御系统、免疫系统，可使虫害远离，人们利用这个特性来驱避虫害。另外夏天天气湿热，人们比较容易烦躁、疲惫，便利用芳香物质来提神醒脑。芳香物质抗菌消炎的作用也会使病人的症状得到缓解。所以不是只有端午节才可以使用香包，只不过人们通过端午节将香包的作用、特性放大了。可以说，端午节给香包做了一个大大的广告。

第四节　长安七夕　乞巧赛巧

一、七夕源于古长安

爱情是人世间千古不变的话题。而在我国丰富多彩的节日文化中，反映男耕女织、以思念与祈福为载体、凸显爱情主线的节日，唯有“七夕节”。它定型于汉代的长安，已被传承了两千多年，真像一首不老的歌。尽管一度在西方“情人节”的冲击下受人冷落，但是，它从未被遗忘，依旧在民间默默地传承着。

姑娘、少妇对七夕节青睐有加，她们是这个节日的主力军。因此，七夕节也被称为“少女节”或“女儿节”。

七夕节的形成，是由星变人的过程，随着时代的发展不断完善、丰满的。它也是人和自然之间建立起亲善和谐关系的特殊体现。“织女”做星名，初见于我国现存最古的科学文献之一——《夏小正》。在西周的民歌《诗经·小雅·大东》中，织女、牵牛颇具神话雏形，不仅仅是银河两岸的星，而且与地上的耕织生活相联系。从战国至汉初，织女、牵牛日渐人格化。秦王扫六合一统天下，把都城咸阳从渭北扩展到渭南时，“引渭水贯都，以象天汉，横桥南渡，以法牵牛”，织女、牵牛的天象给秦都咸阳增添了无限的神秘色彩。

当历史的长河流入汉武帝时期，西汉王朝的政治、经济、文化如日中天，进入全盛时期，汉文化把楚文化、齐文化、秦文化熔为一炉而形成浪漫多元的文化。此时，男耕女织的小农经济定型化，反映这一经济模式的牛郎、织女也演变成人，出现了爱情纠葛。汉司马迁《史记·天官书》载："织女，天女孙也。"织女成了天上神女之孙。汉武帝元狩三年（前120年），在长安西南修昆明池，训练水军，又于昆明池畔立牛郎、织女石雕像。这两尊石像是用火成岩雕成的，现保存在西安市长安区斗门镇。当地村民俗称其为"石爷""石婆"，且为之建"石婆庙"。牛郎织女雕像线条粗犷，刀法简洁，造型古拙，比现存于茂陵博物馆霍去病墓前石刻群雕还早三年，是我国迄今所知年代最早的大型石雕艺术品，为世人所惊叹。汉代无名氏的石雕作品用艺术语言向我们传达了这样一个信息——他们极力捕捉时俗，把牛郎、织女雕为一对情侣：牛郎头部硕大，短发、宽额、宽眉、双目有神，腰间束带，形象憨厚质朴，是一位不向命运低头的坚毅青年。而织女着右衽交襟长衣，发辫后垂，脸庞圆润，眉头微蹙，嘴角下撇，活现出被银河阻隔，梦想破碎，不得与牛郎团聚，两地相思的痛苦、悲愤之情。这两尊石雕像体现的是原汁原味的汉文化，是汉代人对牛郎、织女恋情故事的写照。"不着一字，尽得风流"，它比东汉《古诗十九首》早了三百多年。

值得庆幸的是，汉武帝时期与七夕相关的文献屡见不鲜。众所周知，汉武帝是一代雄主，也是一位天真、好奇、好幻想的皇帝，喜欢神仙，喜欢美女。在他执政之时，汉代人给年轻的皇帝罩上了一层层与七夕相关的神秘面纱。《汉武故事》中说，武帝于前156年七月七日生于漪兰殿；七夕，汉武帝会王母娘娘。这些充满着浪漫色彩的故事，着实令人称道。

定正朔、"鹊桥相会"是汉武帝时期七夕节的核心内容。古时改朝换代，新王朝表示"应天承运"，须重定正朔，易服色。正，一年的开始；朔，一月的开始。元封七年（前104年），汉武帝采纳太史令司马迁等人的建议，订历法，改元封七年为太初元年，颁行新历，采用夏历，以正月（建寅之月）为一年的开始，这便是以后各代一直沿用到现在的农历。太初历是我国历史上第一部比较科学、完整的历法。太初历的颁行，使七夕节有了准确的时间定位。

喜鹊在天河上为织女搭桥，使"鹊桥相会"成为吉祥之兆。宋陈元靓《岁时广记》卷二六引《淮南子》云："乌鹊填河成桥而渡织女。"尽管在今本《淮南子》中已没有这些文字，但从宋人的著作中捕捉到的这一文化信息，虽寥寥数语，却为后人研究七夕提供了可靠的证据。它比唐人韩鄂《岁华纪丽》卷三引《风俗通义》关于鹊桥相会的传说提前了近三百年。

倘若此时我们打开七夕的尘封记忆，七夕乞巧、结五色线之俗已在汉武帝时期的王公显贵群体中出现。《西京杂记》记载：汉彩女常于七月七日穿七孔针于开襟楼，汉高祖宠妾戚夫人的侍女贾佩兰，每逢七月七日在宫中百子池旁跳于阗舞，又用五色线结“相连爱”。汉武帝时期这些琐碎零散的文字记载着牛郎织女“鹊桥相会”、穿“七孔针”、结“相连爱”的习俗。显然，七夕节在汉长安已定型化。到了东汉时期，牛郎织女的故事也成了文士骚客吟唱的内容，出现在班固的《西都赋》、张衡的《西京赋》等皇皇大赋中，也出现在汉画像石、画像砖中。

风俗是一位守旧又喜欢恶作剧的老人，他让牛郎、织女相恋，命运多舛，从汉代到南北朝，花开花落、王朝更替、政权更迭，历经五六百年难得相会。直到南朝梁人殷芸，在他的《月令广义·七月令》里记录了时人流俗：织女为天帝女，居天河之东，常年在机杼上纺织，织成了云霞天衣，终日劳累，无暇美容，天帝怜悯，把她嫁给河西的牛郎。婚后织女“遂废机杼”，天帝大怒，责令她返河东，夫妻一年一度相会。殷芸笔下牛郎、织女虽为夫妻，但天河相隔如故，岂能合乎人意？人们期待故事更新，把善良、美好的理念传达给后人。于是，许多心地善良的民间艺人，对这对夫妻寄予深切的同情，经过一代又一代人的反复加工，日久天长，最后形成今日心灵震撼、人格提升、家喻户晓的牛郎织女故事。这个故事是小农经济形态下农民渴望婚姻自由、追求幸福生活的真实写照，闪烁着人性的光辉，因而深受欢迎，风行一时。诗人把它写成诗歌，说唱艺人把它编成话本，戏剧家把它搬上舞台，画家把它绘成画作，电影艺术家把它推向荧屏。千百年来盛行不衰，影响深远。

二、乞巧悠悠两千年

人生因梦想而伟大，生活因节俗而精彩。每逢七夕节，在民间都有各式各样的乞巧活动，人们放飞梦想，祈福未来。于是，大家又称其为“乞巧节”。正如唐代诗人林杰《乞巧》诗所吟：

七夕今宵看碧霄，牵牛织女渡河桥。
家家乞巧望秋月，穿尽红丝几万条。

七夕节最重要的活动是乞巧。它始兴于汉初，至魏晋时期，穿针乞巧的风俗已极为普遍，女孩们用彩线穿七孔针，同时，还摆香案，上置瓜果，向织女乞巧。她们暗暗祈祷，互相祝福。如果夜里喜子（一种红色长腿的小蜘蛛）结网于瓜果上，就被认为得到了织女的青睐。

《舆地志》记载齐武帝时修了一座城观，每到七月七日，宫女们都登上城观穿针，于是世人称之为“穿针楼”。当时不仅有乞巧，还有乞富、乞寿、乞子之俗。晋周处《风土记》云，七月七日夜里，人们打扫庭院，摆上盛馔，备上美酒美食、时令果品，撒上香粉而祭。如见银河中有奕奕正白气，闪耀着五色的光芒，就认为是织女、牛郎相见的征兆。这时便要下拜，根据自己的愿望，或乞富贵，或乞长寿，没有孩子的也可以乞子。但是，只能乞求一个愿望，不能既乞富又乞寿，更不能三个愿望一并乞，并且要诚心诚意地连乞三年，才会灵验。因为织女、牛郎都是劳动者的象征，牛郎勇敢勤劳，织女心灵手巧，他们夫妻爱情坚贞，所以，乞巧风俗反映了劳动人民学习劳动技能的强烈愿望。

乞巧风俗到了唐代又有新的内容和变化。

> 长安城中月如练，家家此夜持针线。
>
> 仙裙玉佩空自知，天上人间不相见。
>
> …………

崔颢为唐玄宗时代的诗人，这首《七夕》形象地描述了唐代长安女子七夕节穿针乞巧的风俗。当时，长安家家户户的少女、少妇，持针线，供瓜果，摆香案，向织女乞巧。直到夜深人静，她们抬头望着满天璀璨的星斗，意兴仍浓。

平民百姓家少女、少妇的乞巧远远不及皇家排场。唐玄宗这位风流天子对七夕节非常重视，在宫中建了一座“乞巧楼”。据五代王仁裕《开元天宝遗事》载，这座“乞巧楼”以锦结成楼殿，高达百尺，可以坐数十人。在楼上陈列瓜果酒馔，摆设坐具，以祭祀牵牛、织女二星。皇帝赐给宫中嫔妃九孔针、五色线，在月光下穿过者为得巧。乞巧后，演奏清商妙曲，欢宴达旦，以至城中士民之家都纷纷效仿，成为一时风尚。

从五代到宋初，七夕节并不一定都在七月七日晚上进行，也常在七月六日。宋人王栐《燕翼诒谋录》云：“太平兴国三年（978年）七月乙酉诏曰：‘七夕佳辰，近代多用六日，宜以七日为七夕。颁行天下。’盖方其改用六日之时，始于朝廷。”宋人洪迈在《容斋随笔》中也认为，宋太宗赵光义于太平兴国三年七月七日下诏七夕改六日为七日。他对七夕为何用六日提出疑问：“且名七夕而用六，不知自何时始。”他认为唐代时并无此说，必是出于五代之时。自宋代一直到现在，七夕定于七月七日再未发生变更。

宋代以后的乞巧活动更为丰富。宋吕原明《岁时杂记》记载，宋代出现了民间乞巧市，专卖乞巧物。从七月一日起，乞巧市车水马龙，人声鼎沸，热闹非凡。到了七夕前的二三日，乞巧市来人剧增，甚至“车马相次拥遏。不得复出，至夜方散”。可见市上行人之多，气氛之热闹，史无前例。明清时期，民间的乞巧活动一直盛行不衰。新中国成立后，祭奠织女与牛郎的活动逐渐少了，但乞巧活动，仍然在关中各地乡村中流行。

乞巧棚　农历七月初七日，一群姑娘以自然村为单位，或在一个村庄分成数片，搭成彩色“乞巧棚”以纪念七夕。彩棚的搭法，有繁有简。最常见的是用五色彩纸，剪成仙楼，刻牛郎织女像于其上。织女的形象很简单，端一张椅子，椅子上放一个斗，斗下穿一件裙子，椅背上套一件大衿衫，顺领口插个竹笊篱，凸出的一面向外，贴一张纸画的女人脸，戴上耳坠，头上用黑色丝帕绾个圆髻头，插上金银首饰，这样织女的像就扮成了。据宋陈元靓《岁时广记》记载：彩棚“内摆五色彩剪成的仙楼，刻牛郎、织女像及仙人等于其上，以乞巧。小儿则置笔砚纸墨于牵牛位前，书曰‘某乞聪明’；女孩则致针线箱笥于织女位前，书曰‘某乞巧’”。在关中各地的乡村，每年“乞巧节”，都有类似的乞巧活动。

耍七姑娘　在关中广大乡村，流传着一种“耍七姑娘”的风俗活动。在五色彩棚内的织女像前，献上各式各样的供品，有糕点、乞巧馍（花馍）、鲜果，以及专门为过节生下的“巧芽”。盛装的众家姑娘围坐在织女像两旁，她们不时地烧香，做虔诚的祷告。这时，织女棚的外边，由男青年组成的锣鼓队，使劲地敲打。时间长了，若有一个姑娘，突然发起抖来，哭笑不止，就认为是织女的魂灵下凡了。这时，“耍七姑娘”的活动进入高潮，众姑娘不断地向发抖的“七姑娘”焚香礼拜，“七姑娘”口吐类似织女的话，如说：

> 众家姑娘仔细听，大姐二姐坐天宫，
> 五姐六姐走南北，苦命的七姐下凡来。
> 三姐四姐奔东西，苦命的七姐来这里。

顿时，织女棚内外，人山人海，争相向“七姑娘”叩头礼拜，求卜吉凶。这样一直耍到天亮。这种传统的民俗活动，一直流传不衰。

比巧芽　农历六月初六为“天贶节”，天贶就是天赐的意思。这天，有晒棉衣、晒书籍、晒毛料等风俗。有心的姑娘在这天用井水泡上一碗豌豆，放在既通风又不让太阳直射的地方。到了晚上，月上柳梢头的时候，把豌豆苗拿出来照一照。这样生出来的芽苗，既壮实又肥嫩，名为“巧芽”。七夕当天下午，姑娘们把自己精心泡制的“巧芽”，拿出示众。并在巧芽周围缠几道红丝线（或红纸条）端端地置放在织女像的前边，作为节日珍贵的献礼。最后，众姑娘围坐在织女像前，焚香，跪拜，行大礼。然后各人把自己的“巧芽”，挑出几根来，用花剪剪成一寸长的短节，投放在清水盆里，视巧芽所呈现的形状来卜人的巧拙。若像一根针、一条线、一朵花，就认为那位姑娘心灵手巧；若像一根椽、一条檩，就认为那位姑娘手笨、愚蠢。

接牛女泪、穿七孔针　“接牛女泪”的风俗始于唐代，历代传承。每年农历七月初七夜，姑娘、媳妇将采来的七色鲜花，散放在水盆里。对空焚香祷拜。同时，将七色鲜花水盆放在庭院、天井或屋顶上，用承接的夜间露水洗头发，认为可以使头发乌黑而有光泽。

“穿七孔针”的风俗兴于汉代，至今在关中广大城乡广有流传。七孔针形如篾子，有七孔（或二孔、三孔等），专为“乞巧”之用。现时七孔针失传了，多以绣花针代之。乞巧节当天，一群姑娘坐在“乞巧棚”内，手执绣花针和彩色丝线，当场比赛绘绣本领。看谁的手儿巧、穿针快，谁家的绣花技术就好。

看蜘蛛网、瓜田听诉　“看蜘蛛网”的风俗活动，起源于唐代。宋、明、清以至新中国成立后，在关中各地的乡村中，仍可看到这种活动。七夕捉一只蜘蛛放在小盒内，翌晨观看其结网情形，以卜巧运。有的人家把蜘蛛放在葡萄架上或瓜果上，视其结网情况，以卜巧运。“瓜田听诉”即农历七月初七的晚上，一群姑娘跑到村边的瓜田地里或葡萄树下。这时，夜深人静，万籁俱寂。痴心的姑娘倾听着织女与牛郎的窃窃私语。

磨碗乞巧　在乞巧节时，人们用蒜辫编成一个仙女，脸部贴上纸，画出眉眼，让她坐在凳子上，脚下放一面鼓。当人用绳子牵动仙女双脚时，鼓就响了起来。与此同时，乞巧的姑娘、媳妇们每人手握两个小瓷碗不断地摩擦碗边。时间长了，看谁在磨碗的过程中打瞌睡，就被讥笑为笨人；看谁磨碗到最后，一直精神抖擞不打瞌睡，就被人们誉为“巧女”或“巧妇”。

灞桥赛巧会　赛巧会的风俗已流传很久，西安市灞桥区的赛巧会，做到了推陈出新，使节日风俗增添了时代的色彩。新中国成立后，特别是中国共产党十一届三中全会以后，农村经济迅速发展，妇女们的观念也有了新的变化，她们认识到“巧”是由自己的双手创造的，并非乞巧所赐。因此，从1986年农历七月初七起，将“乞巧节”改为“赛巧会”。举行一年一度的成果展览和比赛活动，会上展出了姑娘、媳妇们的针织、刺绣、编织等手工艺品、书画作品、科技成果等，通过评比，表彰奖励了一批巧姑娘和巧媳妇。

乞巧歌：

七月七，乞巧节，梧桐开花香四野。
花儿开，树儿摆，快把七姐接下来。
七姐姐，下凡来，尺子剪刀都拿来。
尺子量，剪刀响，精心裁剪新式样。
我给七姐献蜜桃，七姐教我缝旗袍。
你给七姐献李子，七姐教你纳底子。
她给七姐献南瓜，七姐教她学绣花。
瓜桃梨儿枣，年年来乞巧；
谁个手艺高？明年七夕瞧！

透过历史烟尘，不难看出，七夕乞巧的风俗两千年来一直盛行不衰，给我们的节日注入了丰富多彩的文化内涵，值得深入研究，并将其发扬光大。

第五节　中秋佳节　月祭礼俗

一、祈求月神降人间

远在原始社会，先民就崇拜某些对人类最有影响的自然力，例如日、月、星、山、河等。

那时在上古先民面前，世界是错综复杂而又严峻无情的，天气的冷暖、季节的变化、阳光的有无、方向的测定，这一切无不与天体变化有关。因此，天体是人类最先崇拜的对象，特别是太阳、月亮。所以，一些哲人说，大自然创造了人类，就是要让他们认识自然界本身。而先民对日、月的崇拜，正是那个生产力水平低下的童真时代思想文化的结晶，尽管这种认识距离科学还十分遥远。由于先民有自然崇拜，他们按照人类自身的形象构思出各式各样的“神”。在他们看来，现实生活中那些宏大的自然物、复杂的自然现象，都是为“神灵”所操纵的。在中国神话系统里，太阳由御者羲和驾龙在奔驰，月亮由御者望舒驾车在飞跑，雷霆是天神在擂鼓……日食、月食就是龙或天狗吞噬日月。总之，先民对自然现象的起因、变化都充满着好奇，并进行了臆测性的解释和拟人化的描述。作为天体的月亮被人格化，成了月神。

当历史进入殷周时期，昔日的日月崇拜并没有烟消云散。人们从现实的功利角度出发，把有功于人类的祖先，有功于自然的日、月、星辰等变成神，并人格化，把对神的崇拜习俗定型化、神圣化，且推广到社会生活的领域，用来规定名分，节制人的行为，规范人的关系。如人们在崇拜月亮的同时出现了祭月的活动，年年进行，表示敬意，祈求幸福，盼望得到恩赐。这一活动在西周已制度化、礼仪化。

岁时节令与农业文明密不可分。时值八月，瓜熟蒂落，“万家相庆喜秋成，处处楼台歌板声”。在礼制繁缛的西周时期，自然会出现顺应时节的礼仪。左丘明的《国语·周语上》中有明确记载，周王“有朝日、夕月”之礼。“夕月”就是秋祀，即秋分晚上在京城西门外祭月、拜月。“夕月”之礼开中秋节的先河。

由祭月、拜月逐步演化出赏月之风，咏月、赏月的诗赋恒河沙数，多不胜举。然而那时的拜月、赏月活动并不限于某一日，所以也未能形成节日。中国现存最早的岁时专著南朝梁宗懔的《荆楚岁时记》里尚无关于“中秋节”的只言片语。无论是正史，还是魏晋南北朝时期文人的诗词，都证实那时虽有赏月之俗，但是仅限于贵族或者文人群体中，拜月、祭月、赏月成为士庶共行的民风民俗，则有待盛唐以后。

二、中秋赏月成风俗

中秋节是在漫长的岁月流光中形成的，它和定型于汉代的春节、清明节等传统节日相比，姗姗来迟，形成的时间很晚，比春节、清明节等节日定型晚了五六百年。当历史的长河流入到唐太宗贞观年间（627—649年），终于出现“中秋节”一词，《渊鉴类函》卷二十引《唐太宗记》载：“八月十五日为中秋节，三公以下献镜及盛露囊。”可以看出，贞观年间中秋节已有节日雏形，三公以下大臣近侍要向皇帝献礼，以示庆贺。

唐代中秋节拜月、赏月的故事，也充满传奇色彩。五代王仁裕《开元天宝遗事》记载，唐玄宗和杨贵妃每年中秋节都要赏月。天上秋光融融，太液池里波光粼粼，桂花飘香，金蝉鸣唱，真是良宵佳节，两情缱绻意浓。然而抬头望月之际，唐玄宗却看明月西坠，意犹未尽，于是下令在太液池两岸另筑一百尺高台，为来年杨贵妃赏月之用，并称“赏月台”。可是，修成不久，适逢“安史之乱”，“赏月台”毁于战乱，仅余一台基遗址。

唐代，文人墨客中秋赏月已成风俗。诗人欧阳詹在《玩月》诗序中就说道，冬天寒冷，不宜于户外赏月；夏季天空常有浮云，月亮的光辉被遮住；只有秋高气爽的中秋，才具备赏月的条件。

在《全唐诗》咏中秋的诗篇中，以王建的《十五夜望月寄杜郎中》较为著名：

中庭地白树栖鸦，冷露无声湿桂花。
今夜月明人尽望，不知秋思落谁家。

诗题中的“十五夜”，应为中秋节之夜。

《古今图书集成》引《洛中见闻》载，唐僖宗在中秋节吃月饼，味极美。他听说新科进士在曲江开宴，便命御膳房用红绫包着月饼赏赐给他们，这是中秋月饼初见的文字记录。

徜徉于唐代中秋节中，就会发现它像潺潺溪流那样向前平稳缓慢地流动，一直到北宋，方有热闹的节日氛围。孟元老于《东京梦华录》中回忆道：宋代中秋节所有酒店皆卖新酒，所有商店重新结彩，装饰门面；各种时令果品上市，民间争占酒楼玩月，亲朋好友相聚，设宴畅饮，“夜市骈阗，至于通晓”。

尽管如此，中秋节在北宋时还不为官方所重视。宋人庞元英《文昌录》载，北宋官方休假的节日有立秋、七夕、秋分、重阳，而没有中秋节。李昉奉宋太宗之诏编写《太平御览·时序部》，其中也没有中秋节的记录。当时，民间最重要的节日是元旦、寒食、冬至，合称为宋代“三大节”。

到了南宋时期，由于商品经济的发展，中秋节成为非常热闹的节日。节日气氛以京城临安最为突出。南宋吴自牧《梦粱录》载：

> 八月十五日中秋节……王孙公子，富家巨室，莫不登危楼，临轩玩月。或开广榭，玳筵罗列，琴瑟铿锵，酌酒高歌，以卜竟夕之欢。至如铺席之家，亦登小小月台，安排家宴，团圞子女，以酬佳节。虽陋巷贫窭之人，解衣市酒，勉强迎欢，不肯虚度。此夜天街卖买，直至五鼓。玩月游人，婆娑于市，至晓不绝……

显然，中秋节传承到了南宋，节俗活动内容较之北宋愈加丰富，更具有娱乐性和群体性，不论贫富，举国欢庆，自此以后，中秋节进入发展期。

明清时期，中秋节的活动内容有所增加。据康熙三十一年（1692年）修《济南府志》记载："望日为中秋节，设牲醴，陈瓜果，作月饼，布筵中庭以祭月。人家馈送、仪动必有月饼、西瓜，以为应节时物也。此日皓月满空，碧天如水，在在宴饮，宾朋欢呼，岁岁以赏月为常也。"

千百年来，每逢中秋，皎月当空，合家团聚品饼赏月，相互祝福，谈天说地，尽享天伦之乐。神州大地，沉浸在欢乐祥和的气氛中，祥和与祝福从每一个聚会、每一个角落传递八方。那一个个温馨、团聚的中秋之夜，那一个个充满思念与祝福之夜，像一幅幅美丽的画面展现在我们眼前，像一首不老的歌回响在我们耳边，像一条清幽的历史长河从每一位中华儿女的心田淌过。

> 今人不见古时月，今月曾经照古人。
>
> 唐代李白《把酒问月·故人贾淳令予问之》

中秋节是中华民族节庆文化的瑰宝，她深深地积淀在炎黄子孙的心中。那些远离故土、下南洋、赴欧美，在海外落户安家的华人、华侨，成为我们传统节庆文化的忠实传播者。他们的脚步走到哪里，传统节庆文化就传播到哪里。从东京到巴黎，从伦敦到纽约，凡是有华人、华侨的地方，传统节庆文化就在那里生根发芽。如今，随着中国的崛起，我们的传统节庆文化，泽被四邻，传至中亚、西亚，甚至欧洲，或飞越大洋而传至美洲、非洲。每逢中秋节，不仅海外华侨、华人欢度共庆，海外各地亦瞩目，亚洲许多国家就有近似中秋节的活动。朝鲜的"秋文节"、日本的"月圆节"、越南的"中秋节"、柬埔寨的"拜月节"、老挝的"月福节"、泰国的"祈月节"、印度的"明月节"、印尼的"大月节"、尼泊尔的"德塞尔"，尽管名称各异、形式多样，但是，祭月、赏月、吃月饼之类的风俗却大同小异。

人常说，文化是没有国界的。源于长安的中秋节，经过千余年的文化凝练，成为经典节日，且已走出国门，传播着中华文明。它正以自己丰富的内涵、旺盛的生命力感染世界，使之成为展示中华民族亲和力与影响力的平台，成为海外认识中国文化和感受价值观念的文化载体。[④]

第六节　重阳敬老　登高祈福

一、登高祈福重阳节

农历九月初九为重阳节，九是阳的意思，两个阳合在一起，就叫“重阳”。重阳节有登高、插茱萸、饮菊花酒、送花糕等风俗。

重阳节登高习俗始于西汉。据《西京杂记》记载：“三月上巳，九月重阳，士女游戏，就此祓禊登高。”而后重阳登高又被涂上了一层浪漫的神话色彩。据南朝梁吴均《续齐谐记》中记载，东汉年间，汝南（今河南上蔡县西南）人桓景，跟随方士费长房学道术。一天，费长房告诫他说：“九月九日将有大祸临头，你可让家人佩戴一只装有茱萸的红色袋子，登高处，饮菊花酒，便可以躲过。”桓景照办了。晚上回家一看，家中的鸡、猪、狗均已暴死，以为是家畜代人受了祸。从此，重阳节登高、插茱萸、喝菊花酒的风俗，就盛行开了。王维《九月九日忆山东诸兄弟》诗云：“独在异乡为异客，每逢佳节倍思亲。遥知兄弟登高处，遍插茱萸少一人。”可见在唐代，这种风俗已遍及民间。

送“花糕（馍）”　关中风俗在节日前，娘家给出嫁的女儿送“花糕（馍）”。“花糕”是用上等小麦面粉制成的。糕，一般是圆形或椭圆形，由底向上共三至五层乃至七层。糕，谐音高，有步步高升之意。每层周围都涂制花朵，糕顶更是百花盛开，争奇斗艳。这样的花馍就叫作“花糕”。送“花糕”时，要有一个大型的“花糕”，再配上二至四个小“花糕”。小“花糕”

名为“要糕”，是送给小孩玩耍的食品。如果是新出嫁的女儿，在未生下儿女以前，一般只送大花糕，而不送“要糕”。

插茱萸、饮菊花酒 重阳节这天，关中家家户户在门前插上青翠的茱萸，并且左邻右舍互相赠送，这已是千年来一直奉行的传统风俗。茱萸是一种药用植物，能温补肝肾，主治腰酸腿疼等症。重阳节饮菊花酒，是健身的需要。因为菊花是凉性，菊花酒味芳香，有祛风、降火的作用，还可缓解头昏目眩等症状。所以重阳节饮菊花酒的风俗，至今盛行不衰。

登高、旅游 这是一件有意义的重阳节活动。佩戴装有茱萸的红袋子，并携带菊花酒、各种干粮，到附近的高山或高处地带旅游观光，吃野餐，饮菊花酒，畅谈《孟嘉落帽》《白衣送酒》等佳话传说。

雁塔登高 重阳节这天，一些文人学士及群众，喜欢登大雁塔，观看长安城及郊区风光。这种风俗活动在唐代很盛行，以后沿袭成风。唐代长安人于每年重阳节，携酒扶杖，联袂出城，登大雁塔眺远，吟诗弄墨。如天宝十一载（752年），诗人岑参登大雁塔吟诗曰：“塔势如涌出，孤高耸天宫。登临出世界，蹬道盘虚空。突兀压神州，峥嵘如鬼工。四角碍白日，七层摩苍穹。下窥指高鸟，俯听闻惊风。”

登乐游原 重阳节登高的风俗，远在唐代就很盛行。当时，西安附近的白鹿原、神禾原、少陵原等地，都是重阳节前后人们乐游的地方。位于长安城东南方向的乐游原，更是人们来来往往，竞相攀高之处。李商隐的《乐游原》诗中写道：“向晚意不适，驱车登古原。夕阳无限好，只是近黄昏。”

近代人在西安东南高原处，开辟的旅游点很多，如翠华山、鲸鱼沟等不仅是重阳节登高之地，而且也是驰名省内的风景区。春季、夏季游览的人尤多。

二、手杖春秋敬老情

我国已进入老龄化社会，每当我们走进社区，就会看到一些老年人走路时手里拄着拐杖。许多年老体弱、步履维艰的老人，每天靠手杖扶助和支撑，手杖已成为老年人生活中的重要伴友，是老年人的“第三只脚”。拄杖习俗，在我国历史悠久，已流行几千年，值得关注。

老年人年龄、身份的标志　我国是礼仪之邦，古代的手杖与尊老、敬老密不可分。首先，手杖是老年人年龄、身份的象征。《礼记·王制》："五十杖于家，六十杖于乡，七十杖于国，八十杖于朝。"按照《礼记·王制》所载，五十岁以后的老人可以在家中行走时用手杖，六十岁以上可以在本乡拄杖助行，七十岁以上可以在本郡国拄杖，八十岁以上老人在朝见君主时，可以拄杖助行。显然，在重视礼仪的时代里，手杖不仅仅是助行的工具，也是老人年龄与身份等级的标志。

敬老授几杖　考古学界大都认为，我国从仰韶文化开始，已出现祖先崇拜，这是初民对自己血亲先辈的敬仰。之后，历代王朝关注老人问题，周文王在岐山下的周原立国，行仁政，敬老慈少，敬礼贤者，天下士人闻风而动，纷纷归附。善待老年人是周人治国的重要方略之一。据《史记》《汉书》《武威汉简·王杖诏书令简》可知，从汉武帝之后，儒术独尊，尊老、赐几杖成为汉代的重要制度，不仅仅优待退休官吏，而且优待社会上七十岁以上所有老人。据南朝宋范晔《后汉书·章帝纪》载，章和元年（87年）秋天，汉章帝下诏赐予天下老人几杖和糜粥，以示对老人的关怀和尊敬。汉代这个制度为历代各朝皇帝所传承。

赐杖礼　开元二年（714年）九月，唐玄宗李隆基在长安大明宫含元殿大宴京城父老，并举行最为隆重的赐几杖仪式。据北宋宋祁、欧阳修等合撰的《新唐书·玄宗本纪》载：唐玄宗初即位，励精图治，创建新制，尊老敬老，教化庶民，吏治清明。遂下令给京城，年龄九十岁以上者赐几杖，八十岁以上者赐鸠杖，与此同时，下诏各州县长官，要在适宜之时设酒食款待辖地的老人，参照京城标准赐给他们几杖和鸠杖。对于年迈的老年妇女，诏令要求地方官吏将赐予的几杖和鸠杖送到她们家中。这次由皇帝亲自主持的给全国八十岁以上老人赐杖仪式，不仅是盛唐的创新之举，也是中国古代史上规模最大、仪式最为隆重的赐杖礼仪。

万物有情，手杖是老年人的"优待证"，通过了解手杖的相关资料，既能纵观历史沧桑，也可洞察社会民俗的变迁。

注释

①张鷟：《朝野佥载》，上海古籍出版社，2000，第41页。

②参见唐群：《关中礼仪》，西安交通大学出版社，2015，第100—108页。

③参见韩养民：《邮票上的节日长安》（上），西安地图出版社，2018，第86页。

④参见韩养民：《邮票上的节日长安》（上），西安地图出版社，2018，第95页。

跳沙包

第三章　大秦之声　粗犷激昂

“八百里秦川尘土飞扬，三千万人民齐吼秦腔。”

几千年来，秦风雄劲悲激，秦腔亦然。自秦襄公收复丰镐，创建秦国以来，变温柔懦弱之气，成刚劲激昂之风，车辚驷骥，遗响犹存。由此可窥秦风之始。李斯在《谏逐客书》中曾说：“击瓮叩缶，弹筝搏髀，而歌呼呜呜快耳目者，真秦之声也。”由此可知秦腔之原始大气和粗犷。

秦腔汲取了秦汉杀伐悲壮的时代遗风，经历了大唐盛世的雄浑大气，接受了宋元艺术融合的天然给养，最终悲壮地绽放在花雅之争的舞台上。秦腔是秦人崇高人格的艺术化；秦腔是秦人生命意识的共鸣与呐喊；秦腔，慷慨激昂，苍劲悲壮，气势磅礴，不仅唱出了秦人的魂，更唱出了大关中的千年风情神韵。

第一节　长安“梨园”艺术学院

一、梨园弟子技艺超群

戏剧界雅称“梨园”，演员称“梨园弟子”，这是来自唐代的典故。说起缘由，得从教坊和唐玄宗说起。唐代教坊，为全国最高的培养宫廷音乐人才的机构，全国各地都有，在这里集中了全国高水平的歌舞、器乐人才。唐代流行法曲。所谓法曲，实际上就是今天大型歌舞的雏形，且阵容庞大，有几百人之众。这样高难度的音乐表演不是一般艺术团体能胜任的。唐玄宗是一位出色的音乐家，他不满意当时的乐工，于是自己亲自培养乐工。梨园便是唐玄

蹦弹球

宗培养乐工的地方。

梨园因设在当时长安禁苑附近的梨园而得名。据《唐会要》中记载："开元二年，上以天下无事，听政之暇，于梨园自教法曲，必尽其妙。谓之皇帝梨园弟子。"梨园弟子是从太常乐工中精选的，有几百人之众，可谓阵容庞大，由唐玄宗亲自组织排练。714年，设"梨园亭"供乐工演奏乐曲、宫女习舞演唱，定会昌殿为唐玄宗亲自教习之所。

梨园包括男艺人三百人，女艺人数百人。男艺人是从坐部伎子弟中选出来的，其教练地点是在长安西北禁苑里面的梨园；女艺人是从宫女中挑选出来的，其教练地点是在宜春北院。可见唐玄宗教习的其实全是男弟子，又以器乐人才居多。

男女艺人分头练好之后就要合演。这丝竹之戏，音响齐发，有一声误，帝必觉而正之。几百人的表演里，唐玄宗能辨出谁对谁错，可见其音乐造诣之深。梨园子弟实际上全是皇帝的音乐学生，是技艺超群的音乐人。梨园逐渐成为我国历史上第一座集音乐、舞蹈、戏曲于一体的综合性"艺术学院"。

唐玄宗李隆基自己担任了梨园的崔公（或称崖公），相当于校长（或院长）。崔公以下有编辑和乐营将（又称魁伶）两套人马。李隆基亲自为梨园创作，他创作的法曲《霓裳羽衣》流传至今。他还经常指令当时的翰林学士或有名的文人编撰节目，如诗人贺知章、李白等都曾为梨园编写过节目。

李隆基、雷海青、公孙大娘等人都担任过乐营将的职务。他们不仅是才艺极高的著名艺人，又是诲人不倦的导师。诗人杜甫在他的《观公孙大娘弟子舞剑器行》一诗中，咏叹公孙大娘的舞姿豪迈奔放，"㸌如羿射九日落，矫如群帝骖龙翔；来如雷霆收震怒，罢如江海凝清光"。并在这首诗的序言中说过，有一位书法家名张旭，自从看了公孙大娘的剑器舞，他的草书有了很大的进步。唐玄宗李隆基依靠这些杰出的创作人员和导演，造就了一大批表演艺术家。唐玄宗统治时期，出现了"开元盛世"，封建经济和文化的发展达到了前所未有的高度，不仅造就了一批中外闻名的文学家和诗人，在舞蹈和音乐等艺术领域里也取得了杰出的成就。在中国戏曲史上占有重要地位的"梨园"，就产生在当时长安这块沃土之中。

梨园子弟分为坐部、立部、小部。坐部一般是优秀演员，乐工坐在堂上演奏，舞者大抵为三至十二人，舞姿文雅，用丝竹细乐伴奏；立部是一般演员，乐工立在堂下演奏，舞者六十人至八十人不等，舞姿雄壮威武，伴奏的乐器有鼓和锣（金钲）等，音量宏大；小部为儿童演

拍四角

出队。此外，还设有舞部，又分为文舞和健舞。像这样庞大的男女兼有的皇家音乐、舞蹈、戏曲学院，出现在一千多年前，不能不说是世界罕见的。

开元年间（713—741年），梨园中最有名的男演员黄幡绰，才艺品德在盛唐时首屈一指。善于表演参军戏，每寓匡谏。有人说："黄幡绰，玄宗一日不见，龙颜为之不舒。"张野狐与黄幡绰是同时代的人，善弄参军戏，又擅长筚篥（古代管乐器，用竹做管，用芦苇做嘴，汉代从西域传入）和箜篌（古代弦乐器）。安禄山作乱，玄宗入蜀，张野狐曾与玄宗一起去四川，并一同返回京城，途中为玄宗制《雨霖铃》和《还京乐》二曲。李可及为咸通年间（860—874年）伶官，擅演参军戏，精通音律，善歌唱，腔调因凄婉曲折，被称为"拍弹"，京城中的少年，争相模仿。他曾编《叹百年》等歌舞，获得唐懿宗的欢心，曾被授予以都知、都都知、威卫将军等官职。李龟年、李谟、马仙期、贺怀智等都是梨园著名乐师。

唐玄宗规定梨园弟子每年一考核，不合格的弟子就会被辞退，也有因为年龄大而被辞退的。梨园中绝没有滥竽充数之人，这大大地保证了梨园子弟的技艺水平。这些职业乐工后来有的流落民间，极大地带动了民间音乐艺术的发展。

唐代的音乐艺术发展到了中国封建王朝的最高峰，就连后世的宋元明清都自叹不如。据史载："玄宗既知音律，又酷爱法曲，选坐部伎子弟，教于梨园。"这一时期，法曲发展为歌舞，歌舞又发展为戏剧。戏剧常托古喻今，是因为本来是演给皇帝看的。梨园，实际上是中国第一座国立戏曲学校。

因唐玄宗善用羯鼓指挥乐队，后世仍以司鼓为乐队指挥，尊称其为"打鼓佬"。他为戏曲伴奏乐队的主心骨，其他人都要以他的节奏为准，这一规矩沿用至今。现在常于舞台九龙口（戏曲术语，演员出上场门数步，稍停亮相之地谓"九龙口"）处供奉戏曲之神，祈求保佑戏班平安。实际上戏曲之神就是唐玄宗。唐玄宗时期乃是戏曲人才的黄金时期，为了得到庇护，戏剧人自称"梨园子弟"，意思是"皇帝的人"；还有另一层意思，那就是表示自己技艺超群！①

二、梨园乐舞影响深远

白居易《霓裳羽衣舞歌》诗曰："千歌万舞不可数，就中最爱霓裳舞。"在唐代数不清的

扎树叶

乐舞作品中,《霓裳羽衣》始终居于榜首。唐代是古代乐舞最丰富的一个时期,梨园乐舞更是气势磅礴,场面壮观,集诗、词、歌、赋于吹奏弹唱中,融钟、鼓、琴、瑟于轻歌曼舞中。其乐曲高亢悠扬,动作舒展流畅,服饰华丽多姿,堪称历代歌舞之最。唐乐舞的兴盛正是盛唐时期歌舞升平、国泰民安的完美写照。现今人们根据出土的一些描写、描绘该乐舞的文字、壁画等编制出一套乐舞,试图重现古代唐朝时长安乐舞的优美、盛况和艺术魅力。

唐玄宗擅长打羯鼓,谱写新曲。他一生中创作了很多曲子,《霓裳羽衣》就是由唐明皇创作、梨园掌教,由杨贵妃和梨园弟子表演的著名法曲。白居易《霓裳羽衣舞歌》一诗记载了《霓裳羽衣》的表演。在唐诗中,《霓裳羽衣》出现频率最高,《霓裳羽衣》之舞也是诗人炫耀文辞的亮点,如"飘然转旋回雪轻,嫣然纵送游龙惊""翔鸾舞了却收翅,唳鹤曲终长引声",说《霓裳羽衣》之舞像神鸟飞翔,又如雪花飘旋,其音乐好像鹤鸣九皋。《霓裳羽衣》的歌舞营造了如诗如画的仙境。唐文宗开成元年(836年)和唐宣宗时期(846—859年),宫廷曾用数百位宫女表演《霓裳羽衣》,舞者执幡节,被羽服,联袂歌舞。唐人很看重《霓裳羽衣》,以至于《霓裳羽衣》出现在唐文宗时的贡院科举考试中。

在唐华清宫创作的曲子《得宝子》《荔枝香》《阿滥堆》等,不仅在当时颇受欢迎,还传颂于世。

《得宝子》,创作于开元二十八年(740年)。那时,杨玉环是玄宗第十八子寿王李瑁的妃子,玄宗听说她很美丽,非常渴望一见。玄宗第一次在温泉宫召见杨玉环后,被她的美貌所打动,又被她的能歌善舞所吸引,二人于是成为乐舞上的知音。玄宗为纪念此事,专门创作了《得宝子》一曲。

《荔枝香》创作于贵妃生日那天,玄宗与梨园小部音声(由梨园法曲行中年龄较小的弟子们组成)正在长生殿谱新曲,还没有来得及为曲子取名,南方送来的荔枝就到了,贵妃心花怒放,玄宗随即为曲子起名《荔枝香》。

《阿滥堆》取于鸟名。阿滥堆是骊山当地的一种名鸟,声音像歌声一样好听。玄宗就根据这天籁之音创作了此曲。

除了创作曲子,玄宗打羯鼓的水平也堪称天下一流,《通典》记载:"羯鼓,正如漆桶,两头俱击。以出羯中,故号羯鼓,亦谓之两杖鼓。"《临潼县志》记载:"(羯鼓)击用两杖,宜黄栌、花椒等木。其声焦杀呜烈,尤宜促曲、破战、催花,又宜高楼晚景,月白风清,破空透远。"

扣麻雀

唐玄宗常与梨园弟子们登山远眺，共谱新曲。他的赵丽妃、武惠妃与杨贵妃都是乐舞专家。杨贵妃酷爱乐舞艺术，她擅长弹磬、弹琵琶、唱歌、跳舞，她的《霓裳羽衣》舞曾风靡宫廷。

杨贵妃与梨园弟子们感情深厚，她曾将玄宗赐予的红玉送给弟子谢阿蛮，又曾写诗送给弟子张云容。那首诗是在深秋时节写的，骊山天高云淡，华清宫鼓乐喧天，云容与弟子们轻歌曼舞，杨贵妃有感而发，赋诗云："罗袖动香香不已，红蕖袅袅秋烟里。轻云岭上乍摇风，嫩柳池边初拂水。"这首杨贵妃唯一传世的诗作，就是她专门为梨园弟子们作的。

唐玄宗对歌舞的喜爱促进了长安乐舞的发展。到了唐代后期，城市、集市的酒家、歌馆，常成为乐舞表演者活动的场所。

市井娱乐的要求更促进了乐舞走向民间大众，出现了如《踏摇娘》等参军戏，杂歌杂舞，也杂着一些对白，有了些许杂剧的味道。

唐代梨园乐舞的发展为原始戏剧的诞生提供了充足的条件。通过敦煌莫高窟壁画、唐代陵墓壁画及一些石窟石像，都可见到唐代乐舞的表演场景或表演人物。

这些优美的画面描绘了一组组当时的梨园乐队，人物姿态丰富多彩，形象栩栩如生。表演的乐器有笛、筝、阮咸、排箫、羯鼓、筚篥、竽、方响、琵琶、拍板等。表演的舞蹈种类有软舞、健舞、字舞、傩舞、剑舞等。唐代后期的参军戏是由市井乐舞表演活动发展而来的，必然夹杂了诸多乐舞动作，因此通过这些静止的画面，仍能体会到唐代参军戏的表演场景，仿佛听到那动人的乐曲，听到艺术家们的吟唱或对白。

唐代参军戏是艺术史发展中的奇葩，它将唐代的梨园乐舞从殿堂之中，推广到市井之间，使那些充满了艺术灵感的创作者们走向民间，从而形成了别有生活情趣的戏曲。最初的戏曲就是这样诞生在繁荣的城市生活中的。

唐代后期的江南，虽相对偏远，但长江流域大大小小的城镇发展很快。而北方移民的南下，更带来了中原先进的生产技术、社会文化。唐代著名的乐舞艺术家如李龟年等，也流落到江南谋生，一时这里的乐舞艺术家多如过江之鲫。而江南水乡泽国的地理环境、温润的气候、鱼米之乡的富饶保障，也为乐舞艺术家们提供了新的创作源泉与基地。

传世的名画《韩熙载夜宴图》中就有大量的篇幅用来描绘乐舞表演，如当时在江南最受欢迎的舞蹈家王屋山，就出现在画面上。他表演的内容，据专家们考证是当时流行的《绿腰

挤暖暖

舞》。这种舞蹈已接近于戏曲表演了。

尽管唐与五代十国时期的戏剧，尚处于中国古代戏曲发展的初期，很不成熟；但是它已开始汲取以前音乐、舞蹈表演的精华，并加入了市井人物的对白、动作，亦雅亦俗，为社会各阶层所喜闻乐见。

一种新的艺术表演形式就这样诞生了，它在唐、五代的发展是非常关键的一步，而唐玄宗为这种进步做出了卓越的贡献，成为后世梨园难以忘怀的人物。今日的戏剧艺术繁荣昌盛、丰富多彩，可谓梨园戏剧百花盛开。

三、关中竞为“大梨园”

漫步三秦，到处回荡着秦腔的旋律。相去二三里，村村高音喇叭播放的是秦腔；地畔路旁，秦人畅快淋漓吼的是秦腔；夜幕四合，“自乐班”闹的是秦腔；城镇剧院，高台演出的是秦腔。

秦人饭食少盐寡醋没辣子可以凑合，生活中没有秦腔却没法过。小儿满月，以秦腔迎接；成人过寿，要请“自乐班”助兴；老者去世，要唱大戏热热闹闹送行；乔迁新居，子女升学，也要唱折子祝贺。

生活的艰辛、对幸福的渴望，铸就了人们唱秦腔的才能。老者能演本戏，少年会唱折戏；男人能吼“乱弹”，女子会来清唱。唱秦腔成了体面事。大凡在人面前走动的男女，有谁不曾唱过秦腔？关中人幼时，就跟着爷爷和父亲一板一式学唱秦腔；成人后，进入社会，就把生活的喜怒哀乐、黄土地上的悲欢离合，倾注于秦腔，表现于唱念做打中。人逢喜事精神爽，唱一折“快板”，“忽然间一个突然”，“突然间一个忽然”，“王朝马汉一声吼……”；肚里窝火，吼一通“慢板”，道一声“实可怜”，“刘彦昌哭得泪汪汪……”唱一句“一文钱难倒英雄汉”。秦腔戏文随口而出，一切的烦恼和不如意，随着高亢的吼声，消失于缥缈的天际，随之而来的，是血脉的活络，筋骨的舒展，以及对美好生活的憧憬。

“秦腔唱连台，四季好运来。”秦地最热火的，秦人最看重的，还是演秦腔大戏。

锣鼓镲钹敲响了，大戏演出的时间到了。听这阵势，就知道戏班功夫不赖。戏幕拉开了，戏是熟戏，剧情早就嚼透了，秦人伸长脖子盯着台上，竟看得津津有味。“外行看热闹，内行看门道”，秦人欣赏的，是演员唱、念、做、打的功力和高亢激昂、粗犷豪放、苍凉纯朴的艺术

丢方

韵味。戏到高潮时，唱到精彩处，观众的心情随着剧情跌宕起伏，爱憎伴着人物命运兴衰而交替，喜、怒、哀、乐皆形于色，悲、愁、欢、笑都现于颜。一折丑角戏，台下欢声雷动，成了笑的海洋；一场“苦戏”，观众眼圈都红了，那些老婆婆，还一把鼻涕一把泪，“竟看戏流眼泪，替古人担忧”。哭了，笑了，都缘于秦腔。

“八百里秦川尘土飞扬，三千万人民齐吼秦腔”，正是秦腔影响之广泛的真实写照。

八百里秦川，竟成了秦腔大梨园，秦腔也成了秦人魂之所系了。

第二节　易俗学社　移风易俗

一、易俗剧社百年风流

《礼记·乐记》说，“先王……有大福，必有礼以乐之”，“其移风易俗，故先王著其教焉”，又说“移风易俗，天下皆宁”。

司马迁《史记·李斯列传》载：秦孝公用商鞅之法移风易俗，民以殷盛。以前，秦民强悍，纷争不已，经过改革，“民怯于私斗，而勇于公战”，国势遂盛，终亡六国而建统一大业。

以陕西关中为中心的三秦民俗文化，是中华民族民俗文化发展的一个缩影。历史上，中原华夏民族为富国强兵而向少数民族学习、移风易俗的，如赵武灵王的“胡服骑射”，就很成功。北方少数民族崛起，拟进驻中原，也多重视向中原华夏民族学习，并取得很大成效。

西晋时，后赵羯族领袖石勒，起自朔方，乘机进驻中原，“褫毡裘，袭冠带，释介胄，开庠序”，国势遂盛。《晋书》记载：北魏孝文帝拓跋宏以鲜卑族领袖崛起北方，为跨中原与东晋抗衡，规定在朝廷要讲汉话，并赐群臣以汉式冠带。由于制度与习俗的改革，使北魏很快强盛起来，史家盛赞其“政美俗淳，江左莫媲”。这种改革不仅使其名盛一时，也为隋以后统一全国，结束南北分裂局面奠定了基础。

灌黄鼠

隋唐以后，政治重心东移，宋、辽、金、元战乱相接，破坏严重，民不聊生；西北偏远地区，发展趋缓。及至近代，欧风东渐，风气渐开。辛亥革命后，孙中山就任临时大总统，立即颁布了包括“剪辫子，禁缠足”在内的百条政策法令，进行移风易俗，促进了社会文化的发展。

在这一背景下，1912年西安成立的易俗社，以“辅助社会教育，移风易俗为宗旨”，受到各方面有识之士的重视和支持。易俗社的创始人李桐轩、孙仁玉等，以同盟会会员的身份投身民主革命，但辛亥革命后却没有从政，而是设法办剧社，从事移风易俗的文化工作，在社会上引起了不同的反响。有些遗老遗少说他们是“斯文扫地，与优伶为伍”；有些激进人士认为他们“已醉心文墨，作退隐之思”；鲁迅却不那么认为。1925年夏，鲁迅到西安讲学期间，曾四次应邀去易俗社看戏、参观、讲话，并题写了“古调独弹”的题词赠易俗社，还把讲学所得的50元大洋赠给易俗社，以支持他们的事业。这种精神十分感人。

继易俗社屹立西安，自觉从事移风易俗文化工作之后，于20世纪30年代中又出现了以李敷仁为代表的新一代民主主义文化工作者，通过办《老百姓》报、《民众导报》等报刊，宣传民主革命、移风易俗，促进了新的民俗文化的形成和发展。

秦腔是中国最古老的艺术之一，千年来承载着无数先辈的艺术之魂。1912年，同盟会会员李桐轩、孙仁玉以及王伯明、范紫东、高培支等160多名热心戏曲改良的社会各界知名人士，以“改良社会、启迪民智”为己任，用戏曲作为手段，在“移风易俗”的宗旨下，创办了易俗社。按照资产阶级民主制度制定章程，建立领导机构。主要领导成员由社员民主选举，并规定任期。设立评议部、编辑部、学校部、训练部，招收少年学员，先学初小、高小课程，后上“文史进修班”，达标者发给毕业证。在此基础上学习六年戏曲专业，合格者发给戏曲专科学校毕业证书，从事戏曲演出。易俗社将文化教育、戏曲训练、演出实践结合起来，培养了大批戏曲人才，创作和演出了许多优秀剧目，对戏曲发展产生了巨大影响，对戏曲改良起到了示范作用。秦腔自此不再是一门单纯的艺术，它起到了辅助社会教育的作用，在历史的岁月中闪耀着光芒。易俗社被誉为“世界三大古老的剧社之一”。

易俗社成立之初，最显著的成绩，当数编写了大量新剧目。据1921年编印的《陕西易俗社第一次报告书》“戏曲一览表”中所列新编剧目可知，十年间就有200多种。当时，教育部通俗教育研究会来函了解易俗社情况，易俗社呈送了新编剧本85种，以及《陕西易俗社章程》和《易俗社最近办理状况》各一册。1920年12月18日，教育部以通俗教育研究会名义特

掏雀窝

向易俗社颁发了“金色褒状”。其词云：

戏剧一道，所以指导风俗，促进文明，于社会教育关系至巨。欲收感化之效，宜尽提倡之方。兹有陕西易俗社编制各种戏剧，风行已久，成绩丰富。业经教育部核准，特行发给金色褒状，以资奖励。

此状

中华民国九年十二月十八日

1924年暑期，陕西省教育厅和西北大学联合举办暑期讲习班，邀请京津沪等地一批学者教授到西安讲学。时在教育部任职的鲁迅（同时在北大等高校授课），于7月14日抵达西安。这时的易俗社社长吕南仲与鲁迅是同乡，又敬佩鲁迅的名声，连续三个晚上邀请鲁迅到易俗社看戏。鲁迅共看了《双锦衣》《大孝传》《人月圆》等四出戏。8月3日，鲁迅等人临走前，陕西督军刘镇华还在易俗社剧场为其设宴演剧饯行。

鲁迅在西安期间，适逢易俗社成立十二周年，鲁迅亲拟“古调独弹”四字并制成匾额，向易俗社表示祝贺。出于对易俗社的关心和支持，鲁迅还将西安讲学所得的50大洋送给易俗社。

1. 誉满汉口

1921年3月，易俗社组团前往当时非常繁华的水上码头——汉口去演出。

易俗社在汉口演出后获得了很高的声誉，特别是刘箴俗，他演出的《三滴血》《黛玉葬花》《青梅传》等，轰动武汉三镇。通过演出，那里的人逐渐了解了秦腔，并感受到易俗社演员及其剧目的引人入胜之处。

易俗社于1921年3月至1922年11月一直在汉口演出，时间长达一年零八个月之久。最大的收获，第一是让数千里外，“知文化落后的陕西，尚有此著作宏富，实力雄厚，空前未有的易俗社”；第二是形成了一个以“西刘”为代表的整齐而强大的演出阵容，当时有“东梅（梅兰芳）西刘（刘箴俗）南欧（欧阳予倩）”之说。

2. 名播北平

20世纪30年代，易俗社两次赴北平演出，使易俗社影响更深远。

第一次北京之行，是在1932年。其时，日本侵华野心日渐膨胀，华北地区风云变幻，冯玉

钩槐花

祥、马鸿逵率领数十万大军严阵以待。这些驻军多系陕、甘、宁、青等省人，因思念家乡而情系秦腔，特邀易俗社演出。5月20日，易俗社组建九十余人的强大演出队，由副社长耿古澄带队从西安出发。首站在河南信阳为马鸿逵部演出两月有余，接着在郑州、邯郸、武安、磁县、井陉、阳泉、和顺等地共演出近四个月。12月7日，易俗社演出队到达首都北平。在不到一个月的时间里，演出了《美人换马》《三知己》《颐和园》等众多剧目，受到各界人士热烈欢迎，上座率很高。有人将随团演出的著名花旦王天民誉为“陕西梅兰芳”。

易俗社第二次北平之行，是在1937年。这个时候，日寇已逼近华北，战火一触即发。原西北军冯玉祥部二十九军调驻北平，军长宋哲元接管冀察政务委员会。为稳定人心，鼓舞士气，宋哲元特邀易俗社前往北平演出。易俗社此次在北平表演了极富爱国精神和民族气节的大型历史戏《山河破碎》《还我河山》，震撼了全场观众。

3. 灌制唱片

易俗社20世纪20年代的汉口之行和20世纪30年代初的北平之行，使易俗社声名远扬。上海百代公司曾两次来西安，邀请易俗社演员灌制唱片。

第一次是在1934年7月。此次灌制的唱片有王天民的《得意郎君》，刘迪民的《庚娘传》，雒秉华、王月华的《走雪》，耿善民的《淝水之战》，耿善民、高符中的《四郎探母》，王月华的《绿波修书》，黄执中的《杨氏婢》，还有老教练陈雨农的《断桥》，赵杰民和雒秉华的《五典坡》。

第二次是在1935年春。灌制的唱片有王天民的《杨贵妃》《宫锦袍》，李可易的《满床笏》，杨令俗的《关中书院》，米钟华的《杀驿》，肖润华的《打柴劝弟》等。

这是最早灌制的一批秦腔唱片，不仅为秦腔保存了难得的音响资料，而且让更多的人了解了易俗社和它的演员，了解了秦腔的唱腔艺术。1957年秋，陕西省委决定拍摄秦腔艺术片。长春电影制片厂导演张新实、刘国权，在西安看了许多秦腔舞台演出，最后定下拍摄传统剧目《火焰驹》。这是秦腔第一次上银幕，主要演员以易俗社、三意社成员为主。拍摄团于12月赴长春电影制片厂，经过半年的拍摄，彩色戏曲片《火焰驹》拍摄完成。

1959年，陕西省戏曲演出团到上海演出《三滴血》等戏，各方面反响极为热烈。江南电影制片厂有意将它拍成电影。经请示陕西省委，才知道此前已与西安电影制片厂口头约定要拍摄《三滴血》，于是江南电影制片厂只好放弃。1960年6月，西安电影制片厂开始拍摄《三

斗蛐蛐

滴血》。参加拍摄的演职人员，全部由易俗社成员担任。影片于1961年3月拍摄完成。这两部影片的拍摄和上映，对宣传秦腔起了极大的作用。

易俗社是中国较早而且较完备的秦腔剧社和戏曲教育团体。《中国戏剧史》称其为“秦腔的模范科班，其角色之整齐、脚本之精美、戏装之华丽，自应执秦腔班之牛耳。全班学生除上台演戏之外，均按时上课，授以学识，较北京著名之富连成科班完善多矣。该社不尚陈老剧，时常编排有益于世道人心之警世新剧，以符‘易俗’之名。他们将明清两代之辱国痛史搬演于舞台之上，振聋发聩，极其感人，较全国流行之皮黄（京剧）反觉明显而有意义”。

易俗社从一开始，就以演出自己编写的剧目为特点。编辑部集中了一批具有民主思想和文学修养的文人学士，为该社编写剧本。李桐轩、孙仁玉、高培支、范紫东、吕南仲、李约祉、王绍猷、封至模、谢万千、冯杰三等二三十位著名剧作家，著作甚丰，各有佳作传世。至中华人民共和国成立前夕，共编演大小剧目700多个，如《三滴血》《火焰驹》《柜中缘》《软玉屏》《一字狱》《翰墨缘》《双锦衣》《夺锦楼》《庚娘传》《还我河山》等。

易俗社自成立之日起，已招收培养了近千名学生，遍及西北各个秦腔剧团。如秦腔表演艺术家刘毓中被誉为“秦腔须生泰斗”，王天民被誉为“西京梅兰芳”，孟遏云被称为“孟腔”创始人，肖若兰被称为“秦腔皇后”，还有陈妙华、张咏华、全巧民、伍敏中、郭葆华、张保卫、宋百存、任炳汉、毛文德、戴春荣、惠敏利、王科学、冯永安、李淑芳、薛学慧等，他们都在各自艺术生涯中形成了独特的风格，深受观众喜爱。就连著名京剧艺术大师梅兰芳，也特地率领他们的剧团来到西安易俗社学习经验，交流心得。

易俗社演出剧目主要有《一字狱》《大婚姻谈》《柜中缘》《三回头》《双锦衣》《夺锦楼》《三滴血》《软玉屏》《庚娘传》《算卦骗人》《还我河山》等300余出。演出的现代剧和新编历史剧有《刘胡兰》《二巧离婚》《妇女代表》《木匠迎亲》《红楼岭》《西安事变》《白龙口》《冼夫人》《红楼夜审》《柳玉娘》《文君私奔》《李陵碑》《珍妃》《空海和尚》《左宗棠出塞》《小街儿女》《喜脉案》等100余出。1953年春赴朝鲜慰问中国人民志愿军，在朝演出7个月。1959年到1960年，“陕西省演出团”晋京参加中华人民共和国成立10周年献礼演出，并南下江南13个省市进行巡回演出。1979年以秦腔现代戏《西安事变》参加中华人民共和国成立30周年献礼演出。1982年组成“西安市秦腔赴日演出团”，以《游西湖》《柜中缘》等剧出访日本东京和奈良市，受到欢迎。

抓周

斗转星移、岁月如梭，唱不尽的戏曲人生，演不完的悲欢离合。从清朝末年建成开始，经过护法运动、西安事变、抗日战争等战火的洗礼，易俗社走过了风风雨雨的一个世纪。百年来，易俗社剧场上演的一段段岁月诗画，使享有“中国多种戏曲的鼻祖”之称的秦腔被世人所熟知，使秦腔“中国戏曲活化石”的美誉传播四方。②

二、易俗剧场世界第三

在西安繁华的东大街旁，有一条小街道，名“西一路”。在那里，有一栋奇特的建筑，那么的古香古色，在林立的高楼中显得鹤立鸡群，它便是易俗社剧场。

1957年，田汉先生到易俗社视察时，语重心长地说：“我国有这样一个即将生存半个世纪的剧团，中央还不知道，太不应该了。现在世界上具有半个世纪历史的剧团只有三个，一个是英国皇家歌剧院，一个是莫斯科大剧院，还有一个就是你们易俗社剧院了。”可是，又半个世纪年过去了，现在还有多少人知道，这个存在了一个世纪的、具有革命传统的西安易俗剧院是“中国之最”“世界第三”呢?

1912年易俗社创建之初，就招收了第一批学生。当时并不在西一路现址办公，而是在租借的一所小学进行训练，小学开学后搬到了位于五味什字的中州会馆（今西安市六中地址）。半年之后，即1913年元旦，第一期学生在都城隍庙舞台正式开幕演出。后来又将社址迁移到盐店街的五省会馆。这个会馆在清末叫“八旗奉直会馆”，辛亥革命后成为顺天府、直隶省、热河省、察哈尔省和绥远省的五省会馆（即今西安警备区招待所地址）。由于易俗社隶属于陕西省教育厅，1915年初由省财政厅将五省会馆购买后，拨给易俗社使用。这时，易俗社已有两班学生一百多人，由于新剧目丰富多彩，演员阵容整齐，并有刘箴俗、刘迪民、沈和中、苏牖民、刘毓中等知名演员，演出叫座，经济收入甚好。于是在1917年6月，易俗社花了六千两银子，购买了关岳庙前舞台及周围的两院房产，就是今天的西一路易俗社剧场所在地。

两年后，即1919年，易俗社对剧场进行了较大的修整，临街新建了大门楼，门额竖挂有易俗社文化教员洪子明楷书“易俗社”三字的牌匾。剧场北墙开了三道门，中门上方墙上有青石雕刻的“易俗社”三字，由新任陕西督军陈树藩题写。剧场本为砖木结构，歇山重檐屋顶，厅内东西北三面建有木质转角楼，东西楼设有包厢。这次又重新改建了舞台，为演出场

踢毽子

景变换的需要，设计安装了转台，用人力在台下推动转盘。这在当时是绝无仅有的，使用后观众引以为奇，盛况空前。后正式议定以关岳庙巷为易俗社本社，五省会馆为分社，仍分甲乙两班演出。直到1923年10月，易俗社正式交还了盐店街五省会馆，分社人员全部搬回本社，从此，易俗社的演出地点就完全固定在关岳庙巷的易俗社剧场了。

中华人民共和国成立后，西安市人民政府接管了易俗社，并多次对剧场进行过小的修缮。20世纪60年代初期，市政府曾拨专款重修剧场，在剧场前设立门厅，改北门墙为水泥墙，改北楼为钢筋水泥梯形楼面，改观众池地面为坡地，安置了皮沙发座椅。特别对舞台作了较大的改造，将台口由原来的8米多拓宽成近11米，增加了附台，西边为乐队席，东边为灯光台，并增设了吊景设备，另建了服装和化妆室，使整个剧场设施得以配套和完善。1992年，市政府在投入较大的资金修建易俗大剧院的同时，也对易俗社小剧场进行了改建。最大的变动是将原来的门楼移至剧场的西边，门内新建了两层办公楼，还设有专门的排练场。当人们从这里经过时，一眼就能看到这座古朴凝重的老式建筑。经过改建的剧场门楼有两层，有四根圆柱直通楼顶，由绿色琉璃瓦的屋檐上下相隔。顶端上方雕刻的“西安易俗社”五个金黄色大字，出自为易俗社写了一辈子戏牌的老职工刘东生之手；上面是三组雕有长方形格子的花窗，下面同样为三组屏风式雕有长方形格子的大门。圆柱和门窗统统涂以鲜亮的棕红色，既保持了剧场原有的古色古香韵味，也令人感觉到某种现代气息。剧场内也重新整治一新，舞台上增添了新的灯光、音响设备，使之更接近于现代演出的要求。

一百多年来，易俗社剧场见证了古城西安乃至国家民族的多个重大时刻。

1936年张学良、杨虎城发动西安事变时，易俗社剧场也曾起到过重要作用。当时，剧场内连续两天每天坚持8小时的盛大演出，使那些陪蒋介石来西安的南京要员们陶醉不已，放松了警惕，张、杨二人遂能趁机将他们“一网打尽”。

在日军入侵，国难当头的1937年底，西安易俗社在北京、西安连续上演了《山河破碎》《还我河山》等宣扬抗敌爱国的优秀秦腔剧作，名震中国，但却遭到日寇及汉奸的疯狂报复。空袭古城的日军飞机，在汉奸信号弹的“引导”下，将多颗炸弹“定向”投到易俗社。

1950年，毛泽东主席曾接见易俗社副社长高培支，赞扬易俗社是一个拥有多年历史的优秀团体，称赞“秦腔是对革命有功的戏”。

1951年7月1日，习仲勋出席了西安市政府举办的易俗社剧场接办大会，并高度赞扬该社

送灯笼

是优秀的进步团体，要求其坚持“移风易俗”的传统，进一步演出好的秦腔剧作。易俗社自此成为中华人民共和国最早的国营剧团之一，并大开门禁，开始吸收秦腔女演员孟遏云等入社，成为第一个招收女演员的秦腔剧社。

由于特殊的历史文化价值，1983年，易俗社剧场被列为“西安市第一批重点文物保护单位”。2003年和2006年，易俗社剧场分别被列为“陕西省文物保护单位”和“全国文物保护单位”。百年易俗社剧场，不仅见证了易俗社和秦腔的发展，而且还见证了我国的历史性变化。

重新修复的西安易俗社剧场拥有典型的明清建筑风格，整栋建筑古朴典雅、富丽华贵。走进剧场，那长方形的格子窗、屏风式的雕花大门、暗红色的圆柱、高大的歇山屋顶、古朴尊贵的嵌地青砖、实木桌椅、传统的垂花门、梁枋斗拱组合的传统台口、身穿中国传统服装的服务人员……怀旧、古朴、韵味十足，使人仿佛回到了20世纪20年代的茶座剧场，回到戏曲演出的极盛时代。

剧场两侧走廊的文化展诉说了这一百年来发生的点点滴滴，陈旧的秦腔乐器仿佛在弹唱着曾经的那段岁月之歌。与此同时，动态液晶显示屏所展示的照片，则反映了毛泽东、周恩来等党和国家领导人与易俗社的秦腔情缘。

从20世纪80年代末开始，由于文化市场的多元化，群众的兴趣和爱好也相应发生了转变。特别是修建了易俗大剧院以后，易俗社原来的剧场开始受到冷落，不再有那么多观众奔向这里，剧场门前再难见昔日观者如潮的辉煌了。但是，易俗社剧场自有它的价值，易俗社在这里表演经典剧目，就会自然地给人一种原汁原味的艺术享受。特别是易俗社剧场作为文物的历史价值是非常宝贵的，它经历了风风雨雨，演绎了大大小小的故事，是历史的见证者。

三、移风易俗启迪民智

田汉先生曾把易俗社和莫斯科大剧院、英国皇家剧院并称为“世界三大最古老的剧院”。中国最古老的剧社——百岁华诞的易俗社是如何将秦人文脉沿袭百年的，又是如何移风易俗的？

20世纪初期波及全国的戏曲改良运动，最终以剧社形式沉淀下来的成果，除了成立于

跳方

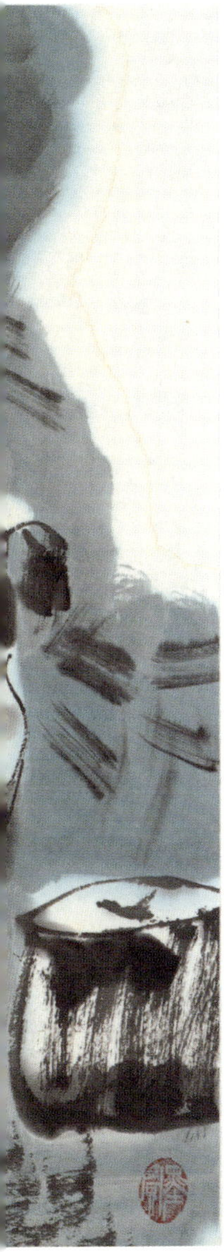

1912年的西安易俗社，还有同样成立于1912年的川剧改良的著名班社——四川成都的“三庆会”。“三庆会”在活动了30多年后，因各种原因淡出人们的视野，而易俗社则已经走过了100多个春秋。

百年来，易俗社用自己的戏剧作品，使观众得到了心灵的满足，在物质极度贫乏的时代获得了情感的慰藉和寄托。在易俗社创作的数百部作品中，像《三滴血》《柜中缘》《软玉屏》《双锦衣》《一字狱》《翰墨缘》等，或情节离奇曲折，让人欲罢不能；或人物形象鲜活生动，令人回味品评再三；或唱腔婉转动听，余音绕梁……不论哪种皆能抓住观众的欣赏需求，因而产生了庞大的易俗社观众群，遍及西北五省乃至全国。时至今日，吃羊肉泡馍、看兵马俑、听易俗社秦腔，依旧是外地人来西安必做的三件事。

诞生于辛亥革命后的易俗社，是一个带有浓重近代戏剧特征的秦腔社团，创办人李桐轩、孙仁玉、范紫东、王伯明等“本地文人士大夫”，带着中国旧知识分子和资产阶级同盟会员的双重身份，基于中国近代社会的救国自强需求，利用秦腔这一群众喜闻乐见的艺术形式，编演新戏曲，培养新人才，利用文学艺术改造社会生活。这些剧作者，以“移风易俗、扶助社会教育”为宗旨，在新中国成立前的37年时间里，编演了700余部大小剧本，或提倡民主科学，或讥刺不良习气，或抨击政局时弊，暗合了当时广大民众的心理需求和观赏需求，收到了良好的社会效果。

范紫东先生是易俗社剧作家代表人物，他的作品《软玉屏》具有强烈的法制意识和生命平等意识，演出后，获得了巨大的社会反响。范先生曾回忆道：“本剧初演在民国六年（1917年）十月。次年春，在曲江春便酌，座中有警察厅第三科科长谓余曰：‘阁下所编之《软玉屏》演出后，就把我忙煞了。’余曰：‘此剧与君何涉？’科长笑曰：‘近三四月，本科所收案件，计三分之一皆虐婢之事也。我传婢主到案，先问他看过《软玉屏》没有。其中看过的居多，也有没有看过的。我说，你先把这戏看了再处理，大约年长者皆勒令出嫁，幼者酌量处置，先生此剧造福不浅。’余曰：‘就是对不起仁兄。’一笑。”从这段记载可以看出，《软玉屏》演出后已经极大地影响到当时人们的家庭生活，特别是对推动社会文明进步和女性解放起着一定作用。范先生歉意“一笑”的背后，应为心底无比的欣慰，他的戏剧作品能起到这样的社会作用，正是先贤们当初创办易俗社时所期待的。

易俗社开创了“本地文人士大夫”编演秦腔的先河，这在秦腔史上具有里程碑意义。文

斗鸡

化人以自己的审美理想和社会担当编写秦腔剧本，然后交由老艺人（教练）进行二度创作，再由他们联合培养的学员搬上舞台表演，在这一完整的艺术生产链中，由文化人主导、老艺人和学员参与完成的创作，完全不同于之前一般江湖班社的运作模式。首先，文人参与秦腔创作，提高了剧本创作的文学性和美学品格；身怀绝技的著名老艺人作为易俗社教练（导演），使文人的剧作得以搬上舞台，秦腔的导演制度从此确立。其次，易俗社的学员把学文化和学表演融为一体。文化的支撑，对于他们理解角色、更为准确地塑造人物性格起着重要作用。

进步的思想理念与创作宗旨，使易俗社秦腔具有启蒙与教化的双重作用；离奇曲折的故事情节、性格鲜明的人物形象等，使易俗社秦腔艺术特色独特，令人欲罢不能；双生双旦的结构，以及婉转优雅、韵味绵远的唱腔特点，决定了易俗社秦腔好听、好看、有味，观赏性极强。

《山河破碎》《还我河山》等爱国题材作品的诞生，除了令时人有血脉偾张、渴望杀敌报国之感外，还以富含喜剧元素、艺术价值高的特点给观众留下了深刻印象。它们不仅显示了易俗社剧作的整体风格，还产生了持久的舞台生命力，尤以孙仁玉先生充满浓郁生活气息的乡土小戏和范紫东先生的大本戏为代表，如《柜中缘》《三回头》《看女儿》《白先生看病》《算卦骗人》《教学》《三滴血》《翰墨缘》等，这些作品于妙趣横生中铺排情节，于亦庄亦谐中寓教于乐，把中国乡土社会家庭生活、社会生活中人与人之间诙谐、妙趣的喜剧元素，通过戏剧手段表现得淋漓尽致，加上易俗社演员出神入化的表演，使其成为经典中的经典，至今依然深得广大观众的推崇、喜爱。所谓“看兵马俑、吃羊肉泡馍、听易俗社秦腔”的“秦腔”即针对具有持久舞台生命力的这些作品而言。如：

孙仁玉先生《柜中缘》，塑造了少女许翠莲的可爱形象。许翠莲这个人物，让观众感受到了20世纪初期中国农村女孩身上特有的美好气息，可谓易俗社剧作家笔下女性群像中的典型之一。该剧有6个出场人物，许翠莲、哥哥淘气、许母、白面书生李映南、两个差役。戏核在那个普通的“柜”上，因“柜”而结缘，而生戏，因“柜”的开合，牵出无限妙趣，剧作者真是非常智慧。故事很简单：许翠莲一心想嫁个白面书生，她的心思被哥哥淘气猜到，在许母面前，淘气总要故意逗妹妹几句找乐。这天许母要和儿子淘气一起去娘家托其兄为女儿择配偶，出门时叮嘱女儿勿在门外逗留，好生在家中做活。而未谙世事的许翠莲“整日被母亲关在屋里，好像上了囚了”，想趁家中无人之时“不免拿上个活，坐在门首，也给他个眼宽眼

跳绳

烤红薯

宽”。恰遇书生李映南遭差役捉拿撞到门前，央求于她，许翠莲急中生智，把书生藏在自家的柜里。差役找了一圈没找着走了，没想到这时哥哥淘气偏偏半道回来拿放在柜里的钱包，吓得刚刚松了口气的两人又惊慌失措起来，不知如何是好。翠莲只好将书生重新关进柜里，免得哥哥淘气看见生疑。情节进行到这里，戏剧情境已经发生了变化，矛盾冲突的方向已经从书生可能会落入官差之手的生死担忧，转为许翠莲要为自己姑娘家的清白名声担惊受怕。而观众的焦点也从担忧人物命运，转为关注许翠莲怎样处理和哥哥之间的误会。这一情节突转和缓释，恰是该剧的戏眼。这里就存在一个时代背景问题，旧时的中国，讲究男女授受不亲，更何况像许翠莲这样一个尚未婚配的小姑娘，倘若在出嫁之前坏了名声，那会令全家人抬不起头来。哥哥淘气正是妹妹翠莲的守护者和监护者，妹妹的一举一动，在他看来都要符合“三从四德”的标准并予以严格规范。因此，当他发现妹妹在柜中“藏着”一个白面书生的“秘密”后，首先指责妹妹不守妇道，担心“人人说我妹子嫁了汉，我淘气羞得哪里钻”，并气急把书生捆在树上，声言要等待母亲回来发落。而这一系列误会，又牵出翠莲对书生的幽怨，由此，戏剧冲突横生，舞台充满张力，观众的观赏心理也得到了充分调动，达到精神的愉悦。

该剧自1915年3月由易俗社首演之后，曾被京剧、川剧等剧种移植演出。“许翠莲来好羞惭，不该在门外做针线。相公进门有人见，难免过后说闲言。要说长来要道短，谁人与我辩屈冤。这才是手不逗红红自染，蚕作茧儿自己拴……”的唱段，把许翠莲身处困境、满腹委屈又怕解释不清的淳朴可爱形象表现得情趣盎然、惟妙惟肖。该剧正因小儿女之间令人忍俊不禁、包袱不断的小误会，成为传世名剧，它所携带的特殊历史背景下的人文因素非常典型、饶有趣味，也是牢牢吸引观众的原因所在，所以《柜中缘》至今仍活跃在戏曲舞台上。

提起易俗社，不能不谈范紫东先生及其创作的《三滴血》《软玉屏》《翰墨缘》《宫锦袍》《颐和园》《玉镜台》《三知己》等剧作。范紫东先生的剧本题材广泛，构思精巧，古今中外都有反映。他的本戏，一般都是复线交错，互通表里，所谓“变化离奇，人莫测其意向，及结果乃恍然其布置之妙”，而且每一本戏中都有极为精彩的“折戏”，如《三滴血》的“虎口缘”“错认”，《软玉屏》的“强合”，《翰墨缘》的“双美奇缘”，《宫锦袍》的“错配”，《玉镜台》的“新亭对泣”，《三知己》的“死难殉国”，都是脍炙人口、经常被单独演出的“折子戏”。

来一串

《三滴血》是范紫东先生的名作，写于1918年，百年来，久演不衰。1958年三大秦班进北京演出期间，剧界名流梅兰芳、马少波、欧阳予倩著文盛赞该剧，曹禺先生更是认为：范紫东先生的《三滴血》中“错认”一场戏，可以和莎士比亚剧作媲美。1960年，《三滴血》被西安电影制片厂拍成电影，作为秦腔的经典剧目流播至海内外，影响深远。

《三滴血》最受人称道的当属晋信书的形象塑造。有评论说，晋信书是《三滴血》的戏胆，体现着“尽信书不如无书”的哲理。晋信书“生丑合璧”的扮相，既不同于昆剧《十五贯》中“俊扮”的过于执，也有别于京剧《徐九经升官记》中“丑扮”的徐九经，“他集荒唐可笑、专横武断、食古不化、自作聪明、不苟言笑、一本正经等于一身，是个多色调自我嘲讽式黑色幽默典型”，具有较高的审美价值。

提到晋信书，有必要谈谈易俗社的丑行表演。易俗社丑角演员各有自己的表演特点，互相之间既有区别又有联系。易俗社没有丑角教练，全凭演员对艺术的热爱和刻苦学习，揣摩角色心理以塑造人物。在模仿、学习和超越中，形形色色的丑角形象呼之欲出。《三滴血》中晋信书这一角色，从苏牖民、马平民演到樊新民，由苏牖民开创的“以正生身段、髯口饰演丑角，突出了好官办坏事，不同于一般的坏人”的个案一直延续至樊新民，欣赏价值较高，令人称绝，以至于马少波这样称赞樊新民饰演的知县晋信书：“他一本正经煞有介事地演这个可笑的角色，不卖弄噱头，反而更加深了思想的深刻性，突出了喜剧的风格。”田汉曾说：“樊新民的晋信书足以媲美米国梁的过于执。”梅兰芳说：“但我觉得过于执和晋信书虽然都是典型的主观主义者，在造型方面却各有巧妙不同。过于执是俊扮，晋信书是丑扮；米国梁扮演的过于执创造了符合苏昆独特风格的人物形象，樊新民则发挥了秦腔袍带丑的特点，排除了低级趣味的庸俗表演。”苏、马、樊以及后来的伍敏中、辛恒民等共同完成的名丑晋信书的审美价值，由此可见一斑。

从孙仁玉的喜剧小品，到范紫东对晋信书形象的成功塑造，再到封至模爱国题材的作品等，易俗社的戏剧创作不论从艺术性、观赏性、思想性上，都写下了秦腔有史以来最为耀眼的一笔。而易俗社作品中的许多唱腔，如《三滴血·虎口缘》中周天佑唱段“祖籍陕西韩城县，杏花村中有家园”等已经成为“老陕”乃至西北戏迷耳熟能详的传世名段，每唱到此，陕人都会热血沸腾、情感喷涌，身心仿佛回到久违了的家一样，亲切、温暖、乡情浓郁……而这里的“杏花村”，早已幻化为“老陕们”赖以依托的精神家园，生生世世，不离不弃。

货郎

易俗社开创的秦腔改良运动，引起了全国各界重视。1921年，陕西省教育厅转发教育部训令，发给易俗社金色褒状。1924年，鲁迅亲临该社，观看了演出并题赠匾额“古调独弹”。在易俗社改良戏曲的思潮影响下，社会风俗为之一变。

四、百年经典《三滴血》

“祖籍陕西韩城县，杏花村中有家园。”这句妇孺皆知、家喻户晓的秦腔唱段，出自有“东方莎翁”之美誉的剧作家范紫东先生创作的秦腔经典剧目《三滴血》。

《三滴血》是范紫东先生的代表作，写于1918年，距今已一百余年了。《三滴血》剧本取材于清朝纪昀的《阅微草堂笔记》。《阅微草堂笔记》乃纪昀晚年的作品，是清代文言小说的代表作之一。其故事既有上层社会的故老遗闻、官场百态、人情翻覆、典章考证，也有下层百姓的曲巷琐谈、奇事异闻、医卜星相、神鬼狐魅。这些或雅或俗、亦正亦奇的诙谐故事，从各个角度，反映了当时的社会生活，揭示了社会的种种矛盾，也显现出不同阶层人物的善行与恶迹。在写作《三滴血》时，范紫东先生虽然受到《阅微草堂笔记》中“滴血认亲”的启示，但其中更多地融入了范先生自己耳闻目睹的种种官场弊端。

《三滴血》讲述了这样的故事：山西商人周仁瑞在陕西经商时，其妻一胎生二子之后而亡，周自己抚养长子天佑，将次子卖于李三娘。三娘更次子名为李遇春，与自己的女儿李晚春订婚。后仁瑞经商折本，带天佑归山西。其弟周仁祥独霸家产，不认天佑为侄儿。仁瑞将其弟告到五台县衙。县官晋信书以滴血之法断天佑非仁瑞亲生子，强令拆散。遇春长大成人，三娘亡故。恶少阮自用垂涎晚春美貌，假造婚书逼晚春与其成婚。晋信书又以滴血之法断晚春和遇春为亲兄妹。在与阮自用的花烛之夜，晚春逃出。周仁瑞寻找天佑，遇晚春奶娘，奶娘随周仁瑞前往县衙对质。晋信书竟然还以滴血法断定周仁祥与其子牛娃非血缘关系，错误百出。后天佑、遇春结盟投军，各在疆场立功受封得官后，使案件重审，冤案始明，阖家团圆。晋信书因主观断案而被罢官。范紫东先生通过编织错综复杂的人际关系和断案者迂腐可笑的故事，借以警示世人“尽信书不如无书”，这在当时具有积极的现实意义。

《三滴血》剧情跌宕起伏，人物刻画恰如其分，全剧构思巧妙、唱词生动，尤其是“双生双旦”的结构更成为日后易俗社的典型风格。易俗社创始人之一的李约祉先生在为《三滴

滚铁环

血》所写的序言中高度评价了该剧的思想性和艺术成就，他认为“剧中写县令之颟顸，刚愎自用，诙谐尽致”，人物塑造得很成功。赞扬滴血认亲的故事安排：“其离合悲欢，曲尽其妙，如情如理，自然天籁；正如水到渠成，绝不见斧凿之痕。”特别值得提及的是，李约祉先生评价这个戏“能警人复足以动人，是文学亦是科学”。也就是说，这个戏既是文艺作品，具有动人心弦的艺术效果；同时，它宣扬科学，反对滴血认亲之类的封建迷信，起到警示世人的社会作用。著名剧作家曹禺先生曾称赞《三滴血》这出戏是“秦腔之《十五贯》，简直可以同莎士比亚的剧作媲美”；京剧大师梅兰芳称赞《三滴血》“是一出反主观主义的好戏”；欧阳予倩称赞《三滴血》是个喜剧，但“在处理方面却是严肃的，当一个正剧来演，而所得的确是喜剧的效果”；剧作家田汉则说它的“剧情离奇曲折、妙趣横生”，最后一场的误会，“可以追步莎氏”。

20世纪50年代，《三滴血》更是红极一时。1958年，《三滴血》进京演出，受到社会各界好评，被选为1959年中华人民共和国成立10周年献礼演出剧目。《三滴血》在京演出后，受到中央领导、文艺名家的好评和广大观众的热烈欢迎。刘少奇、周恩来、朱德等党和国家领导人观看了演出之后，上台接见演员并合影留念。周总理说，《三滴血》是继昆曲《十五贯》之后，又一出很好的公案戏。1960年，《三滴血》由西安电影制片厂拍摄成电影艺术片，更是红遍大江南北。

“范公妙笔谱秦韵，紫气东升耀神州。”秦腔《三滴血》已上演100余年。百年来，经过几代艺术家的不断打磨和精彩演绎，《三滴血》已成为一出可以代表秦腔剧种的招牌戏，同时也成为关中文化的精神符号。③

骑驴

第三节　桄桄乱弹韵味无穷

一、大秦之腔百戏之祖

八百里秦川天高土厚
桄桄乱弹遍地游走
舌头敲着梆子
嗓子拉着胡胡
摇头晃脑着节奏
一副神仙般的自娱自乐
乱弹着前朝往事
乱弹着现实生活
正说　戏说
间或几句感叹　几句评说
悲时泪水横流
喜时心跳脸热
乱弹着　乱弹着
就将自己乱弹进角色
一生都打着牛后半截
自己也视生命如草芥
但当吼起那一板板乱弹
却有君临天下的感觉
桄桄乱弹　桄桄乱弹
使老牛重轭的生活
也有了由心调般的洒脱

这是迟骋《桄桄乱弹》的歌词，唱出了秦人对秦腔胜似自己的生命的热爱，《桄桄乱弹》就是秦地人心中的歌。

秦腔，也称“乱弹”，因伴奏乐器中采用枣木梆子击节，故又称“桄桄乱弹”或“梆子”。秦腔已被列入国家级非物质文化遗产名录。

跳绳

秦腔的源流，可追溯到两千多年前的周秦时代。目前较有代表性的看法认为，秦腔的形成大致可分为“秦风—秦声—秦腔”三个阶段。

秦风可追溯到先秦时期。《史记·孔子世家》记载：“三百五篇，孔子皆弦歌之。”秦人用秦乐、秦声歌唱《诗经》中的《秦风》，就是秦腔的滥觞。

从先秦到魏晋六朝，是秦声时期。《史记·李斯列传》记载：“夫击瓮叩缶，弹筝搏髀，而歌呼呜呜快耳目者，真秦之声也。”短短23个字，把秦声的音调和明显的特点讲得很清楚。

秦腔的两件敲击器为瓮、缶。过去没有大铜锣的时候，击瓮以增加气氛。叩缶，就是把瓦盆扣过去敲盆底，演变到今天，就是戏剧里常用的“扁鼓”。此鼓像盆一样，口向下，不封底，声音清脆。这时期的秦腔已从弦歌时期逐渐演变到“以歌舞演故事”了，它有乐器、唱词、故事，已具备了戏曲的主要结构。

此后唐代的参军戏、宋元杂剧等，更使秦声不断地延续发展下来。明清时期，秦腔发展成为中国“四大声腔”之一。明代武功人康海组建戏班，演唱“康王腔”，并绘制秦腔脸谱131幅；清人严长明在《秦云撷英小谱》记载：关中秦腔班社共有36个，并以礼泉、周至、渭南、大荔为“四大流派”。秦腔班社演出，不仅为当地人所钟爱，赴北京演出亦受欢迎，被称为“传情在无意之间”“哑趣传神许擅长”，有“弦索流于北部……陕西人歌之为秦腔”之说。这是秦腔发展成熟的标志。

《辞海》（上海辞书出版社2009年版）“秦腔”条目云：“戏曲剧种。流行于陕西、甘肃、宁夏、青海、新疆等省区。一般认为明中叶以前在陕西、甘肃一带的民歌基础上形成。音调激越高亢，以梆子击节，唱句基本为七字句，音乐为板腔体。明末清初流传南北各地，对许多剧种都有不同程度的影响。”

所以，有人把秦腔誉为“百戏之祖”。中国戏曲理论家齐如山先生在《中国戏曲源于西北》文中说：“国人若想研究戏剧，非到西北去不可；世界人想研究中国戏剧，非到西北去不可。”“若想考察以前的法则，当然应追本寻源，由西安秦腔入手。”京剧“四大名旦”之一的程砚秋先生也说：“中国的戏剧，一个来源是起自东南，另一个来源是起于西北……西北的戏剧主要是秦腔。”作为西北板腔体声腔的主要代表，秦腔与四川梆子、晋剧、豫剧、河北梆子都有深厚的渊源。

以京剧为例，梅兰芳先生在《谈表演艺术》中说，“京剧与秦腔有密切的关系”，“（京剧

荡秋千

的）主要曲调‘西皮’受秦腔的影响很大，此外，剧本、表演等方面，（两者）也都有相似的地方”。实际上，京剧的化妆、脸谱、音乐等也都吸取了秦腔的精华。这是清代秦腔班与徽班长期同台演出，相互取长补短的结果。

在清代，秦腔发展为戏剧“盟主”，有东西南北中五路，全国更是“到处笙歌，尽唱魏三之句”（魏三即清代秦腔名艺人魏长生）。乾隆年间，魏长生三进京师，演出盛况空前，“使京腔旧本置之高阁，一时观者如堵”，“如火如荼，目不暇接，风气一新”。

秦腔以它固有的执着和火热的激情，吟颂着关中人敢恨敢爱、敢作敢唱的情怀和风骨。贾平凹在他的散文《秦腔》中得意扬扬地说：“普天之下人不同貌，剧不同腔，京、豫、晋、越、黄梅、二簧、四川高腔，几十种品类；或问：历史最悠久者，文武最正经者，是非最汹汹者？曰：秦腔也。”

1. 秦腔是西北黄土高原的风情写照

有人说，如果要了解真正的关中人，就必须要听秦腔。秦腔是三秦大地不可或缺的精神食粮，唱秦腔成了这里人们最体面的事情。当地人个个都会唱几句，村村都有“自乐班”，逢年过节，便是村民过戏瘾的最好时光。

自乐班就是通常意义上的票友下海，几个人，不需舞台灯光，伴着铿锵锣鼓几件简单的乐器便可演绎人间悲欢。这样的情景，在西安沿着城墙根走一圈，随处可见。

作为一种在关中农村很常见的民间娱乐组织，自乐班主要是唱秦腔戏。在城墙根下听自乐班唱戏，天作幕布，地为台，无拘无束。唱戏的投入，听戏的也投入。唱者多为关中汉子，方面阔口，状极威武，提袍抖袖，大吼大唱，一声吼叫破空飞去，撞在城墙上，折回来，声犹震耳。

秦腔自乐班，演员即观众，观众即演员。从周秦汉唐一路走来的西安人，他们迷恋秦腔，并不全因它土生土长、古音古意，而是秦腔石破天惊的撕扯吼叫唱法最能表达他们灵魂的渴望。

作家贾平凹曾经这么描写秦腔对秦人的影响：“在西府，民性敦厚，说话多用去声，一律咬字沉重，对话如吵架一样，哭丧又一呼三叹。呼喊远人更是特殊：前声拖十二分的长，末了方极快地道出内容。声韵的发展，使会远道喊人的人都从此有了唱秦腔的天才。老一辈的能唱，小一辈的能唱，男的能唱，女的能唱；唱秦腔成了做人最体面的事，任何一个乡下男女，

蝈蝈

只有唱秦腔，才有出人头地的可能，大凡有出息的，是个人才的，哪一个何曾未登过台，起码还能吼一阵乱弹呢！”

秦腔浸润着黄土地以及在这土地上生活的人。这种潜移默化的影响不只体现在戏剧界，也体现在电影、音乐、文学等领域。包括张艺谋、赵季平、贾平凹、陈忠实在内的西北文化人，把秦腔以不同的形式带给全中国、全世界。

张艺谋电影《红高粱》中生命力的张扬、高昂、苍阔、充满激情，特别是“颠轿”等场面激情四射，受秦腔艺术风格的影响可谓很大。《秋菊打官司》中许多场景甚至直接采用秦腔，充满激情；音乐人赵季平从秦腔中得出灵感，写出《红高粱》的插曲《妹妹你大胆地往前走》，一时风靡大江南北，歌坛上刮起“西北风”，经久不衰。

在文学上，贾平凹、陈忠实更是深受秦腔影响，前者创作的同名小说《秦腔》是中国当代文学最有影响力的作品之一，后者的《白鹿原》里有许多描写关中农村演唱秦腔的场面，使人联想到在烈日朗照下的农田里，关中农村的街头巷尾、庭院麦场，不时地吼起一句句震天响的秦腔。

2. 秦腔是粗犷豪放中的苍凉

秦腔艺术，它的特点就像黄河一样奔腾咆哮、一泻千里，它最能体现关中汉子豪放、粗犷的个性。秦腔发音多用关中方言字调，唱腔慷慨激昂，苍劲悲壮，既有西北黄土高原“天苍苍，野茫茫”般浑厚深沉、豪放激越的风情和刚劲之气，又兼有缠绵悱恻、细腻柔和、轻快活泼的特点。

在秦人眼中，秦腔是大戏，板胡响处，锣鼓起时，男的唱得脸暴青筋，声嘶力竭，女的唱得高尖婉转，如泣如诉。高亢的唱腔响遏行云，那种气势豪情，与软语呢喃的剧种绝对是两重天。

秦腔表演艺术家赵扬武回忆，30多年前，11岁的他第一次站在台上，看台下几乎全是白发苍苍的老人，那时候他最担心的是，有一天等这些老人离世，谁还会听秦腔？30年后，台下的观众仍然以老人为主，听戏的人不再是曾经的老人，但，这个世界上永远有人老去。“某种程度上来说，秦腔是老年人的艺术。”赵扬武说，“戏曲这东西，需要慢慢去品，欣赏者的心境很重要”，他承认秦腔缺乏年轻观众，但他坚信，随着年轻人的成长，他们会慢慢回归戏曲。

在当今的一些人看来，秦腔没有黄梅戏的轻柔婉转，没有京剧的雍容华贵，也没有昆曲

放羊

的典雅精致，更没有流行歌曲的传播迅捷，观众群体越来越少，甚至有人评价：秦腔很土，行将没落、灭亡，因为它产生的土壤已经被城市逐步占领，想一想在林立的大厦间吼一声秦腔，似乎不伦不类。

2003年12月5日，西安举办了一场大型秦腔交响音乐会——《黄河秦声》。演出剧目以秦腔名剧《智取威虎山》《红灯记》《楼台会》《血泪仇》《洪湖赤卫队》《祝福》六本戏中的十余个唱段为主。这场演出，在剧目、表现形式上来了一次革新，整个交响乐团都被搬上了舞台，让秦腔天生的土气荡然无存。

古老的秦腔，在突围。秦腔的改革已经进行了20多年，改革的最终，是不是只有和现代融合？但任何改革，都不能离开秦腔母体，也就是本体的特色。其实，秦腔早已融入了秦人的血脉，成为负载着秦人千年精神的心灵声音。秦腔如同遍布在西北高原的冲天而起的白杨树一样，固执地伫立在生它养它的西北高原。

二、大秦遗音“阿宫腔”

阿宫腔是秦始皇阿房宫的遗音。

两千多年以前，秦始皇当上皇帝后，便开始为自己修建当时所能想象的最富丽堂皇、美艳无比的新宫，这就是阿房宫。虽然阿房宫还没有完工，却成为历代骚人墨客追古惜今、千年咏唱的话题。在秦地关中，关于阿房宫这一美丽宫殿的传说早已浸入这块黄土地中，融入人们的日常生活中。

“阿房”，在咸阳方言中念“窝邦”，“窝邦”就是“那边”的意思。对于秦代咸阳都城的人来说，这是一座没有完工、没有名字的宫殿，他们把渭河对岸的这座新宫叫“那边的宫”，因为没有正式的名字，所以一直“窝邦”“窝邦”地叫着，直到现在，关中的方言中，仍把“那边的”叫“窝邦”。

另外，“阿”在关中方言中有“美”“舒服”的意思，所以阿房宫的另一个意思就是最美、最舒服的宫殿。据说这也是秦人的口头语，关中方言中还把“舒服极了”“美极了”叫“阿（倭）也”。做什么舒心畅快，他们会说“阿也得很”。从这一点也能看出当时的阿房宫是多么豪华。

在关中，至今流传着一种古老的戏曲艺术——阿宫腔。据民间传说，秦朝末年项羽攻入

老腔四六尺

老腔
是流傳在陝西關中深受百姓喜愛

藏猫猫

咸阳，火烧阿房宫（实为秦咸阳宫），宫里的内侍、宫女及舞乐歌女有一部分逃出宫室，流落民间。他们把阿房宫里一种清雅俊丽、委婉细腻的歌舞演唱带到民间，并且传播开来，慢慢形成一种新的民间曲调，这种调式被人们称为“阿宫腔”。关中地域的礼泉、三原、富平、临潼（西安市临潼区）、耀县（铜川市耀州区）等地都是阿宫腔早年的流传地带。清宣统末年（1911年），有人在兴平县与礼泉县交界处的店张舞台两侧的石柱上刻置一副对联，曰：“高画清诗见槐里，小调遏工出醴泉。”此“遏工”当即“阿宫”。由此可知，阿宫腔当时在咸阳店张一带非常盛行。

阿宫腔这个古老独特的声腔，一直由灯影（即皮影）保留在民间。

清同治年间，富平有了金马驹、金盆子、陈相公等一些阿宫腔灯影戏班。光绪年间，常有乾州、临潼的一些阿宫腔戏班来富平演出。清朝末年，三原的王仓，礼泉的乔娃子、苍娃子来富平谋生传艺，收富平段天焕为徒。段天焕传承保留了阿宫腔剧种，成为富平阿宫腔鼻祖。1959年，阿宫腔被搬上大舞台，段天焕担任艺术顾问。从此阿宫腔走向辉煌。

阿宫腔的吹打乐别具一格，开场必奏“十样景”，即由十多种曲牌合奏，扣人心弦，引人入胜。

阿宫腔的曲牌有400多种，在全国所有戏曲中独领风骚。它的许多专用曲牌，如帝王上场用的《朝天子》《一气去霄》《石榴花》《画眉序》，神话人物上场用的《太极阴阳》《哪吒令》，赴宴时用的《流水》等，为中国戏曲音乐发展提供了丰富的资源。

阿宫腔的流传剧本有300多本。老艺人段天焕能演40多本，他生前口授录音的剧本有30多本。经过挖掘排演的阿宫腔代表剧作有《七箭书》《屎巴牛招亲》《窦娥冤》，搬上舞台后演出的代表剧目有《王魁负义》《女巡案》《九江口》等，改编移植的有《杜鹃山》《洪湖赤卫队》等，创作演出并获国家和省级大奖的有《两家亲》《三姑娘》，参加“天下第一团”展演的有《四季歌》等。

在历史的积累与沉淀当中，阿宫腔形成了如下的基本特征：

1. 阿宫腔由宫廷歌女带至民间繁衍开来，因而深深扎根于人民群众之中。关中人与阿宫腔，如同三秦人与秦腔，处处都有戏，人人会唱段。

2. 以灯影戏的形式在民间世代相传。

3. 阿宫腔尤其以女声最为动听，在唱腔上有明显的拖腔，就是在演唱时经常有“矣”“焉”“也”“呀”“那意呀唉”，在我国戏曲声乐中是独一无二的。这“那意呀唉”是秦时宫

翻绞绞

女的语言习惯，既有先秦语言特色，又具当时侍女“笑不露齿”的习尚。这种语言习惯一直被阿宫腔这一古老的地方戏曲艺术所沿用。

4. 阿宫腔“一唱三遏”的特色很突出，这也充分说明它是阿房宫歌姬声腔的遗音。

5. 阿宫腔清丽婉转，女声用窄音，男声要“低八度”，上翻“高八度”，又复转低八度落音，充分显示出它的高雅特性。

6. 阿宫腔曲牌有400多种，而且根据人物的不同出场，设计了专用曲牌。

阿宫腔已被列入“第一批国家级非物质文化遗产保护名录”。

三、华阴老腔一声喊

华阴老腔要一声喊
喊得那巨灵劈华山
喊得那老龙出秦川
喊得那黄河拐了弯……

中央电视台2016年春晚，华阴老腔艺人与歌手谭维维组合演唱的《华阴老腔一声喊》，用那近乎原始、苍凉悲壮、粗犷豪放的“远古之音”震撼了观众，也激发了人们对老腔的兴趣和好奇。

当苍劲的老腔响起，似乎让人看到了古战场上的长枪大戟、刀光剑影，忽而人欢马叫、气吞山河，忽而鸣金收兵、四顾苍茫。陕人刚强、雄强的形象跃然而出。

这就是老腔，以其独有的魅力，在瞬间就能激发观者的情绪，并能不断地掀起高潮。听懂者或听不懂者，都能被它深深地感染，随着大伙一起大声叫好。

华阴老腔与现代摇滚的完美融合，让观众感受到了“黄土与摇滚、电声与弦乐的碰撞”。由此，华阴老腔也被誉为中国黄土地最古老的“摇滚”。

1. 源起：黄河岸边的船工号子

老腔，原名“拍板腔”，以拍板节音而得名。华阴老腔，是以民间说书艺术为基础发展形成的板腔体戏曲剧种。老腔源远流长，起源于汉代，兴盛于明清时期，被称为中国戏剧的“活化石”。悠久的漕运历史，造就了传唱千年的老腔。西汉年间，在渭、洛、黄三河交汇口处，有

链子枪

一座西通长安的水陆码头，千帆竞进，船工众多。因为逆水行舟，免不了要光膀赤脚的纤夫拉纤曳船。船工们拉船时总是一人起头喊号子，众人跟着一起喊，一起用力。有人用一块木头有节奏地打击船板，这号子便更有了一种号召、一种合力。那时，船工号子就会此起彼伏，响彻河道两岸。

黄河边上的船工就这样拉了两千年，后来一人起头喊号子演变成了一人主唱，众人跟着一起喊演变成了众人帮腔，木块击板演变成了乐器，久而久之，黄河岸边便诞生了一种独特的地方性剧种。与其他剧种不同的是，老腔一出声便豪放激昂、铿锵有力，有直冲云霄的气魄，故又被称为“满台吼”。这号子，还有船工用篙击打船板的声响，都统统被融入老腔的表演当中，形成了老腔独有的“拉坡调”。老腔表演当中的拍打惊木就是从船工用篙击打船板演变而来的。

虽然老腔是由西汉时期的船工号子在吸收当地民间艺术基础上逐渐演化而来的，但即便是船工号子，也只有落在这片黄土地上，才会这么风生水起，才会这么响彻云霄，才会这么激荡人心。

老腔早期流行于华阴、潼关一带。中华人民共和国成立后，逐渐扩大到华县、渭南、蒲城以及河南西峡、陕县和宁夏等地。早时，老腔长期以皮影戏的形式演出，1958年发展为舞台戏曲剧种。

2. 演出：五人就是一台戏

诞生于华阴的老腔是一种优秀的剧种。它只需5人就可撑起一台戏：签手（操作皮影）、副签手、前手（主唱）、后台、板胡。但这个剧种里，生、旦、净、末、丑一样也不缺。只不过，这5种角色都由主唱一人担纲。除了演唱不是每个人都能做到之外，“耍签子”及演奏各种乐器，演出班子的每个成员都很在行。

老腔以武功戏见长，跌打、厮杀、乘车、跨马等动作，极其泼辣、矫健，颇有生动迷人的艺术魅力。老腔戏的唱腔为板式变化体结构，比较简单，板路有慢板、紧板、流水板、飞板等。帮腔为曳船号子调，主奏乐器用月琴、板胡、大罗、梆子。伴奏多为重叠乐句，不用唢呐，而用拍板增强伴奏效果。拍板又名檀板，通用枣木，发音响亮，常与堂鼓、暴鼓、大锣相配，最能突现老腔高亢激昂的音乐特色。

老腔唱腔的一个很显著的特征就是“拉坡调”。所谓“拉坡”，就是一本戏在由主唱唱

赢草

到最后两句时，便大吼一声，随之台上所有的人都跟上相和，仿佛舞台幕后的帮腔。音调激昂雄壮，气氛热烈，不仅增强了剧情，还把演出情绪推向一个连续性的高潮。“众人帮腔满台吼，惊木一击泣鬼神”就是对这种唱腔最形象的描述。在表演中，老腔艺人一手持着木凳子，一手高举木块，和着曲调，有节奏、用力地击打木凳，使观众和演员群情激昂、遥相呼应。

老腔演出形式豪放自由，多用当地方言，可能没有多少人能听懂他们究竟在唱些什么，但这种黄土高坡上的久远回响，往往能引起人们强烈的共鸣。

著名摇滚音乐人崔健听后曾激动地评论道：“你们知道你们看到的是什么吗？你们看到的是一个教科书级的中国摇滚！”雷雁林也评论道：“老腔吼出的不是戏，而是力量、汗水和性情。”

史学家顾颉刚在《中国影戏史略及其现状》中说道：“老腔的艺术特色，真实地反映了陕西关于艺术的历史流变。我们今天可以通过古代转存下来的民间艺术老腔，穿过时光隧道，来考察我们祖先的情感指向及其生活方式。”

3. 传承：打破陈规寻突破

老腔的传承，有着明显的家族性。起初是以世袭的方式传承在泉店的张家，主要用于家庭自娱，其后进入民俗活动，社会功能也日趋强化，形成了职业性的戏班。老腔班社多以箱主堂号命名，如永盛班；也有由说戏者自行命名的，如全生班等。

老腔的剧本从不外传，因而形成了它演绎的封闭性。但在1928年，老腔唱本发生被盗案后，陆续出现了异姓门派，同时随着张氏家族的繁衍发展，唱腔风格也出现了微妙的变化，但粗犷大气的风格依旧没变。

20世纪90年代初，如果说张艺谋的电影《活着》只是让人们知道了老腔的存在的话，那么话剧《白鹿原》则让观众对老腔有了面对面的了解。从“只闻其声不见其人”，到“既闻其声也见其人”，老腔在传承道路上的每一步都走得曲折又耐人寻味。

著名作家陈忠实在《白鹿原上奏响一支老腔》中描述了自己第一次看老腔演出的经历：“气势磅礴，粗犷豪放，慷慨激昂，雄浑奔放，苍莽苍凉，悲壮的气韵里却也不无婉约的余韵……听来酣畅淋漓，久久难以平复，我却生出相见恨晚的不无懊丧自责的心绪。”贾平凹更是在一部四十五万字的长篇小说《秦腔》中向人们述说了一个有关“秦腔”的故事。从此，活跃在秦川大地的“老腔”这一古老民间艺术走上央视，走进全国人民的视野，吸引了更多

弹弓手

艺术家们的目光。

2006年5月，华阴老腔被确定为全国第一批国家级非物质文化遗产。2010年，关中民俗艺术博物院老腔剧团的成立，对进一步推动非物质文化遗产及传承人的保护，提供了传承和发展的舞台。

一方水土养一方人，一方人创造一种文化。老腔，一个原来并不广为人知的艺术形式，现在正在打破过去闭关自守的格局，以势不可挡的势头，进入了大众视野。

四、同朝灯影天下传

华州的迷胡，合阳的线，

同朝的灯影天下传。

这句歌谣在关中地区广为流传，其中“同朝”是同州和朝邑的合称，即现在的大荔、华阴、华县、渭南。同朝皮影戏是大荔、华阴、华县、渭南一带早期流行的民间小戏剧种，包括皮影雕刻、皮影表演和碗碗腔唱腔。2009年，同朝皮影戏进入“陕西省第二批非物质文化遗产名录”。

皮影戏又名“灯影戏”，是用灯光照射用兽皮做成的人物剪影，来表演故事的一种戏剧形式，是我国民间一种古老而奇特的戏曲艺术，在关中地区大为流行。皮影戏演出简便，表演领域广阔，演技细腻，活跃于广大农村，深受农民的欢迎。

元代皮影戏还曾流传到西亚，并远及欧洲。德国大文豪歌德非常喜爱我国的皮影戏，在1774年的一次展览会上，他特地把中国皮影戏介绍给德国观众。1781年8月28日，他专门举办了中国皮影戏演出会，以此来庆祝自己的生日。

皮影戏起源于汉代以前。《海阳竹枝词》中有首描写皮影戏演出的诗：“张灯作戏调翻新，顾囊徘徊知逼真；环佩姗姗连步稳，帐前活见李夫人（汉武帝李夫人）。”这时的皮影戏尚处于初级阶段。其鼎盛期为唐代，此时的皮影造型优美，表演技术娴熟。以后的宋、元、明均有皮影戏表演，至清代皮影戏已呈现出繁荣的局面。清乾隆年间，皮影戏各种唱板已基本齐备，并在关中地域广为流传，成为人民群众喜闻乐见的戏曲种类之一。当时产生了一批剧作家，最有名的当推李十三，其作品有“十大本”。

凉皮、肉夹馍

清末民初，西安有两个著名的皮影戏社，一个是渭北皮影社，一个是江东皮影社。1950年，皮影老艺人谢德隆在政府的支持下，在北大街重新成立了“德庆皮影社”。“文化大革命”期间，陕西皮影社受到了影响。现在皮影戏又以新的姿态，走向广大农村，成为民间艺苑中的奇葩。

皮影的制作十分精细，用上好的驴皮或牛皮在水中泡软，经过炮制，使其光滑透明，然后精心雕刻，涂上艳丽的色彩。人物、动物等均刻成侧影，干透后刷上桐油。四肢、头部可动，用细长棍支撑牵引表演。道具主要为影窗，俗称“亮子”，一般高三尺，宽五尺，最高不过四尺，宽不过六尺，以白纱作幕，以便单人操作。还有油灯一盏，用以映射影人和表演动作。演出时，操作皮影者站在“亮子”下，把皮影贴近“亮子”表演，灯光从背后打出，观众坐在灯光的相对方向观看。

同朝皮影戏音乐细腻、幽雅、婉转、缠绵，唱腔美妙动人，小生、小旦、青衣真假声结合使用，吐字多用真声，拖腔多用假声，并有其独特的发声与润腔方法。老生、老旦、小生、丑角全用真声，花脸用净音（即喉音），而唱腔多用花音。唱白由一男性承担。演唱者和操纵者配合默契。表演技术娴熟的，关中人称为“把式”，一手拿两个甚至三个皮影，厮杀、对打，套路不乱，令人眼花缭乱。皮影戏的传统剧目有《火焰驹》《劈山救母》《游西湖》《哪吒闹海》《古城会》《会阵招亲》等。

同朝皮影有四绝：一是皮影雕刻作品造诣高；二是演唱功力极深；三是表演者功力精湛；四是综合艺术水平炉火纯青，堪称“戏曲艺术之绝唱”。

同朝的皮影戏仍保留着民间说书的种种痕迹，它是近代陕西多种地方戏曲的前身。总体而言，关中皮影造型质朴单纯，同时又具有精致工巧的艺术特色，富于装饰性。皮影人物造型的轮廓整体线条优美生动，有力度，有势有韵，在轮廓内部以镂空为主，又适当留实，做到繁简得宜、虚实相生。皮影人物、道具、配景的各个部位，常常饰有不同的图案花纹，整体效果繁丽而不拖沓，简练而不空洞。每一个形象不仅局部耐看，而且整体配合也美，既充实又生动，构成完美的艺术整体。

皮影戏是我国重要的民间传统艺术。近年来由于现代影视艺术的冲击，观众和演出市场日益减少，许多皮影戏面临消亡的危险，亟待抢救与保护。

羊肉泡馍

五、文化遗产关中农耕歌

夯歌扯起四股绳 四股绳
东西南北都有名 都有名
东打东海龙王殿 东海龙王殿
西打昆仑圣母宫 昆仑圣母宫
北打长城一条龙 长城一条龙
南打西安四方城 四方城
咸阳塬上拉大夯……

这是关中夯歌——《咸阳塬上拉大夯》的歌词。这是劳动者的歌。

关中农耕歌是流传于关中民间的一种劳动歌曲，这些歌曲大多数是反映劳动人民在农业生产生活实践中的经验，唱词都是口语形式的通俗易懂的短句或韵语。因为关中农耕歌是人们在长期的生产劳动中积累和创作的，所以它很少有文字记载，都是以口头形式代代相传下来，具有很强的关中地域性特征。

关中地区作为中国农耕文明的发源地之一，农业在其历史发展中起着决定性作用。聚族而居、精耕细作的农业文明孕育了中国传统的内敛式自给自足的生活方式、文化传统、农政思想、乡村管理制度等。这里的农耕文明不仅赋予中华文化以重要特征，也是中华文化绵延不断、长盛不衰的重要原因。长期以来，关中农耕歌就是这样在一代代农民千百年的农业生产劳动中，为了调节情绪，抒发情感，解除疲劳，抑或是为了记忆传播一些农活的节令、生产技艺而创作的歌谣。

关中农耕歌作为一种古老粗犷的歌谣在劳动者之间传唱。它如同一曲韵味无穷、雄壮威武、气势磅礴的劳动交响乐，激越时，吟者情绪昂扬；沉郁时，劳动节奏渐缓渐慢。田地就是舞台，耕者就是表演者，关中农耕歌见证了关中历史上的农耕场景和生产状态。歌者通过对自己劳作的观察、概括和描述，记录了关中某一历史阶段的农业发展史。它集中反映了关中农业科技、农业思想、农业制度与法令、农事节日习俗、农业文化等生产生活形式，有对劳动者的赞美，有对农耕技艺的颂扬，内容广泛，典型深刻，是演绎给皇天后土的一种古老艺术。

如今，关中农耕歌在很多地区虽然已经被很多人遗忘，但是它却作为一种非物质文化遗产被保留了下来，粗犷豪迈的唱腔不但彰显了关中农村汉子的淳朴气质，更作为历经千年

豆面糊

的农耕文化艺术流传至今。为此，今人更应该珍惜先祖流传下来的这种古老文化，使之传扬后世。

注释

①参见李志慧：《中国风俗丛书·唐代文苑风尚》，陕西人民出版社，1988。

②参见韩养民、齐湘潼主编：《中国社会生活丛书·舞蹈篇》，三秦出版社，1999。

③参见西安市地方志编纂委员会编：《西安市志》（第6卷），西安出版社，2002。

炸油糕

第四章　关中美食　健康实惠

关中是“吃货”的天堂。羊肉泡馍、葫芦头、肉夹馍、biangbiang面、凉皮……梁朝伟到西安来，只嚷着要吃羊肉泡；刘德华来西安，就喜欢吃葫芦头；赵薇来西安，冒着被粉丝们围堵的危险在钟鼓楼吃肉夹馍，声称下次还来，不为别的，就是要吃肉夹馍！

“早上起来，我饿得上气不接下气；揣上票子穿上大衣出门打个‘的’，大街上到处都是一股香风辣雨，要吃饭，论美食还得数咱们三秦大地……”“油泼面夹一口，香得发抖；菠菜面营养多，绝对很牛；裤带面粗得很，挑战喉咙；biangbiang面拌上肉，真是筋道；浆水面连汤带水，记得擦嘴；岐山面臊子多，历史悠久；蒜蘸面有点辣，小心舌头；炸酱面‘然’一点，吃不了咱兜着走……”每当黑撒乐队用一口地道的关中话，唱出这样带劲儿的歌词时，很多人都已不由自主咽了下口水。

第一节　美食套餐　秦人殊荣

每个关中人，都有自己的美食套餐，肉夹馍、凉皮，方便美味，人人皆爱；羊肉泡馍，名气大，味道美，“秦人套餐”，咋能没有它？biangbiang面，辣子红，口味重，早已火遍大街小巷。每逢周末老朋友见面，不知道吃啥时就来吃凉皮、肉夹馍。这经典的秦人套餐，总是关中人最爱吃的小吃组合：一碗biangbiang面，一碗羊肉泡馍，几个肉夹馍，另加一碗凉皮。这样的聚餐方式，不仅实在，充满了质朴、粗犷和诚挚的魅力，更透着丝路文化的和谐魅力。

油炸菜合子

一、丝路美食：羊肉泡

在西安市西门外，有座丝绸之路群雕，这组群雕长55.9米，宽3米，刻画和表现了一队丝路途中的中外混合的骆驼商旅。在这队商旅中，包括3个唐人、3个波斯人、14匹骆驼、3条狗、2匹马。石雕材质选用陕西关山的花岗岩石料，色泽古朴典雅，线条苍劲有力。这分明是漫漫古道、悠悠驼铃的丝绸之路上，商贾队伍的真实写照。

历史上，汉武帝两派张骞出使西域，后在河西走廊西端，驱逐匈奴右部，并移民十万，建两关四郡。从此开辟了人类历史上首条连接亚欧大陆的物质文化沟通的渠道。它向西一直延伸到地中海，两千多年以来，双方人员往来频繁，这条“化干戈为玉帛”的文明之路为东西方人类历史的发展和进步立下不朽的功勋。

在关中地域有道著名的小吃，像新疆的拌面一样随处可见，它便是大名鼎鼎的牛羊肉泡馍。

牛羊肉泡馍，又称羊肉泡，本是西域人的先祖牵着骆驼，沿着古老的商路，到东方经商，把家乡的饮食习俗带来而产生的美食。羊肉泡实际是融合了中国传统牛羊肉的烹调技艺和阿拉伯特制“见饼”（今称“饦饦馍”）的产物，是民族饮食文化融合的产物。它出现于西周时期，发展于南北朝，定型于盛唐，经过历代的不断完善，传承至今。西安的羊肉泡，就那一小碗价格都在20元以上，但是它就这么牛气，赵匡胤当年落难西安时吃的是这个，西太后慈禧被八国联军吓破胆，从北京逃到西安吃的也是这个……

羊肉泡主要由回民经营，在回民聚居的回民坊上，可以吃到地道关中风味的羊肉泡。羊肉泡做法和吃法，都很讲究。

先说说做法。这羊肉是精选的，肉和骨头要分开。煮时先煮骨头，置全羊骨于清水锅里大火炖煮，两个小时后起浮沫，撇净后，放进调料袋提味。然后再下羊肉块，换新调料袋加味。以肉板压实加盖，武火烧溢，再后，文火炖一宿。一觉醒来，满屋醇香，起床看汤鲜味浓，其色如奶，料香扑鼻；羊肉呢，则瘦肉绵软，肥肉不腻，不带一点膻腥。

羊肉泡用的馍呢，则是特制的，十分之九面粉，十分之一酵面。掺和，搅匀，揉面。做馍胚，二两一个，若饦饦状，饦边起棱。下鏊烘烤，可悠悠温酒，酒微热，则开鏊，取之平放手心，手心则感觉发痒。

“老西安”讲究自己掰馍。洗净手，将馍掰成黄豆大小，细小而且整齐，这样煮馍时肉汤

小笼包子

的香味才能同馍融为一体。这可是慢工出细活，谁掰的谁吃，一是体验手工艺之趣，二是会朋友叙家常拉生意，娓娓道来，不慌不忙。馍掰得如何，大、小、粗、细，足可见食者性情。有人戏言，烹饪十年，身在操作室，便知每一进餐人性情，有如柳庄麻衣相师。

说是羊肉泡，其实是煮馍。煮馍需要相当的技术，火候不好不行，汤与馍的比例不恰当不行。除了羊肉，还加了粉丝、蒜苗、木耳、黄花菜等配菜。烹饪师按其馍形大小，分口汤、干泡、水围城等诸法烹制，且以馍定汤，以汤调料，武火急煮，适时装碗。口汤法，吃到底，碗里只有一口汤。干泡法，碗内无汤。水围城法，碗内周围是汤，中间是馍。吃羊肉泡，店家往往还送一小碗羊汤，外加一小碟子糖蒜和辣酱。

吃也有一定之法。端上来的泡馍应是泡馍垫底，粉丝覆成网形，佐以葱花、香菜，牛羊肉摆成鱼形在最上面，吃时加香菜、糖蒜和辣酱。香菜去腥提味，糖蒜爽口消腻，辣酱刺激食欲。然后一只手捏着糖蒜，另一只手捉着筷子顺着碗边往嘴里送。吃羊肉泡讲究从一边吃，不可以来回搅动，以保持鲜美之味始终不变，老吃家说这样鲜热之气跑不散。那辣酱也要抹一层在泡馍上面，而不可以胡乱搅和到泡馍里头。有人把这种吃法比喻为“蚕食”。因了这种种的讲究，老陕西人把吃羊肉泡看作是一种美的享受，直吃得热气腾腾，汗气津津，余香满颊，回味无穷。完了再喝几口原汁烹制而成的羊汤以清口，此时浑身发热，胃里很舒坦。

正宗的羊肉泡，汤味醇厚，八角味突出。近年川菜席卷全国，麻辣味逐渐为西安人所接受。花椒纯正的麻味也体现在羊肉泡的汤味中，因此有的羊肉汤味是花椒打头，地道的吃家总是能区分其中的细微差别。

在西安的回民坊里，有些有名的羊肉泡馆古风犹存，每天最多卖到下午两点，把当天备好的食料用完为止，从不为多赚钱全天营业。老孙家和同盛祥是西安最有名的羊肉泡馆，被誉为“中华老字号”，还研究出羊肉泡宴席。

羊肉泡以其独特的风味，闻名中外，可称得上是“陕西第一泡”“西安第一碗”。“牛羊肉泡馍大碗卖”，也成为陕西一景，名列“八大怪”中。西安大街小巷，到处有羊肉泡馆。每一家馆子，无论春夏，还是秋冬都顾客盈门。香喷喷的羊肉泡，让西安人百吃不厌。外地朋友到西安，第一餐接风时，秦人总要说“额（我）请你吃泡馍”。似乎羊肉泡就是西安的一张饮食名片。外地朋友来西安，果真就被领到了羊肉泡馆，馆子不一定在热闹繁华地段，店面装修也不一定豪华高雅，但东西做得绝对“嫽扎咧”（好极了）。

挂挂面

宋代著名诗人苏轼对羊肉泡赞道“陇馔有熊腊，秦烹唯羊羹”，而在民间有“提起长安城，常忆羊羹名；羊羹美味尝，唯属同盛祥”的民谣。西安羊肉泡如此美味，更是被列入国家级非物质文化遗产名录。

陕西省市委、市政府接待中央领导和外宾，首先吃的就是羊肉泡。可以说，羊肉泡成了陕西的省宴。20世纪50年代，周恩来总理、陈毅元帅、李达将军曾分别在西安以羊肉泡宴请过尼泊尔马享德拉国王、越南胡志明主席、英国蒙哥马利元帅等贵宾。蒙哥马利品尝过羊肉泡后，高兴地说：“我今天又一次感受到了中国的饮食文明。”1986年，北京钓鱼台国宾馆引进了西安的牛羊肉泡招待外国来华的元首和贵宾。老孙家牛羊肉泡馍分别被中共中央政治局原常委、中央军委原副主席刘华清和著名画家黄胄誉为“天下第一碗”，前国家领导人江泽民、朱镕基等都不止一次品尝过这一美味。文化学者肖云儒为了能吃上羊肉泡，最终留在了西安。明星张嘉译生日当天，特意回西安吃了碗羊肉泡。

羊肉泡对于关中人来说，不仅是日常吃食，更是沉淀了关中人生活的历史，展示了关中人粗犷、豪爽、大气的性格。

二、绝妙组合：肉夹馍

陈忠实先生在他的作品《白鹿原》中列举天下四香：“头茬子苜蓿二淋子醋，大姑娘的舌头腊汁的肉。”

说起关中的美食，肉夹馍绝对是一个典型代表，也是西安传统特色食物之一。2016年1月，肉夹馍入选《陕西省第五批非物质文化遗产名录》。外地人首次听说肉夹馍，都认为是病句，这与古汉语有关，肉夹馍，其实是“肉夹于馍”。老百姓无须文绉绉地讲之乎者也，加上陕西人性急，直爽，省去“于”字，喊起来便当些，就像吃面不嚼一样。有快就有慢，就像闻名天下的羊肉泡馍，吃时就不能着急，掰馍时正是与朋友叙旧聊天的好机会。

还有另两种说法：一种说法是以前人们叫“肉夹馍”为“馍夹肉”，方言听起来像“没夹肉”，于是就一心急，叫成了“肉夹馍”，这样听起来就好多了；另一种说法是，“肉夹馍”正确的叫法应为“馍夹肉”，但是人们最初为了突出腊汁肉味香色浓，故把“肉”放在了前边，把“馍”放在了后边，久而久之相沿成习，“肉夹馍”的称法约定成俗地在民间流传开来。

炸麻花

肉夹馍店遍及西安大街小巷。吃饭时间，肉夹馍店里的火爆场面，是西安最平常的生活景象。小店一般不大，收拾得很干净。特别是椅子不同别处，不管小坐还是长聊，坐着都非常舒服。一般店里三四个人，老板管结账，一个伙计制白吉馍，另一个伙计切腊汁肉并负责夹馍。白白的馍，从中间切开，伙计挥舞着锋利的小菜刀，把已经炖得烂烂的肉剁得细细的，混合着肉汤夹在馍里。浓浓的汤汁浸进馍，咬一口，先是汤汁流入口中；富有嚼劲的馍皮，再给牙齿以足够的饱足感；最后是香香滑滑的肉糜，夹杂着已经吸满肉汁的馍，在舌头上翻滚、扩散。

经常有食客吃肉夹馍时，竖持而食，淋漓满手，实在可惜喷香的肉汁。正宗吃肉夹馍的姿势为水平持馍，从两侧咬起。水平持馍，可以使肉汁充分浸入馍中，不至于流出。

西安肉夹馍实际是两种食物的绝妙组合：腊汁肉、白吉馍，都是美味，也可分别单吃。烹调一道，讲究借味，肉夹馍合腊汁肉、白吉馍为一体，互为烘托，将各自滋味发挥到极致。身居长安，随处可见、最勾魂的就是这满口留香的腊汁肉夹馍。

腊汁肉最早诞生于春秋战国时期的韩国，称“寒肉”。“寒”是“韩”的谐音，指韩国。当时韩国位于现在秦晋豫交界地带，所制腊汁肉闻名遐迩。秦灭韩后，“韩肉”制法传进秦都咸阳。起初，“寒肉”被封为上品，仅在当时最为隆重的祭祀和天子筵席上才能享用，一般老百姓是很难见到的。

腊汁肉最早的制作方法是将猪肉用盐腌制，其味淡而单。后来才逐步发展为以下方法：在特制的炊具里，放入猪肉及茴香、八角、桂圆、草果等30多种调料，用陈汤大火烧半小时后，改用慢火煮2小时，然后盖好盖子焖10多个小时后方可出锅。腊汁肉肉质鲜嫩，色泽红润，软烂醇香，久贮不变，素有“肥肉吃了不腻口，瘦肉无渣满含油，不用牙咬肉自烂，食后余香久不散”之美誉，而其中的关键，即奥秘就是坚持使用陈汤，因为陈汤愈久味愈浓，色泽愈佳，因而又有“千年陈汤腊汁肉”一说。

尽管腊汁肉醇香可口，但毕竟还是一种单一的东西，不宜多吃。于是，进入盛唐时，出现了用刚出炉的“虎背铁圈菊花心”的白吉馍夹着食用的方式。白吉馍，原产于咸阳彬州市北极驿站，后流传于关中一带，并以“北极”谐音称为“白吉馍”。

白吉馍从外表上看像极了一个瓦当，由木炭火烤制而成，馍上通常不带火色的地方洁白如玉，十分好看。按照一般的规格尺寸，白吉馍的直径约为12厘米，厚度大约为2.5厘米左右。

打搅团

制作白吉馍要用上好的面粉，将发好的面和没发的死面各盛在不同的面缸内，制作时用大半发面加少量死面，揉好擀圆，呈直径约10厘米的饼状，在放入鏊锅之前多加一道工序：把圆饼的周边均匀地向上窝起，做成像碟子或浅碗一样的形状，再将平面朝下、窝起的那一面朝上放入鏊锅中，待略上火色后翻过来，把碗口的那一面向鏊锅上轻轻一摔，就会听到清脆的声响，正是这一关键的动作，使饼的没有见到火的一面与已经受过火的一面分离，遂形成中空，等这一面略上火色后便可放入炉膛侧立，上下隔着鏊锅的炭火烘烤，稍后翻面。烤好的馍双面松脆微黄，香气扑鼻，里面不夹任何东西吃起来都会很香。又说因此馍的周边是白的，圆圈的中间也是白的，底子也是白的，所以叫“白底馍”。关中方言中“底”念jì，于是就有了现在的“白吉馍”。肉夹馍用的白吉馍形似“虎背铁圈菊花心”，皮薄松脆、内心软绵，可单独食用，配腊汁肉同食味道更佳。

白吉馍皮薄里虚，两面鼓起，夹上腊汁肉，馍和肉相互咬合，相亲相依，融为一体，尤其最能表达人们对新婚夫妇亲密无间、交相辉映的美好祝愿，因此还流传下来一习俗：在关中一带，不论谁家嫁女儿，都要选择“有福气”的女性做伴娘。伴娘的称呼非常美——“全美人”“全合人”或“送女客”。不过，对于伴娘的要求非常严格：不仅要年轻漂亮有福气，而且是儿女双全的同辈人，尤其不能是再婚的女性。伴娘送新娘到婆家，婆家当然得笑脸相迎，离开时更要厚礼相送。礼的品种可多可少，但有一样礼品却是必不可少的，那就是肉夹馍。肉夹馍的数量无硬性规定，但必须是双数。比如东府白水一带，伴娘一般是二人，回来时每人要带6个肉夹馍；而西府凤翔一带，伴娘回来时要带12个不夹肉的馍和2个夹肉的馍。这一习俗多少年来一直流传，尤其是在关中地区的一些乡村直到今天还保留着。

20世纪八九十年代，西方的汉堡包传入中国，有人便把“肉夹馍”称为“中国的汉堡包”。不过，有人指出：如果要把肉夹馍和汉堡包放到一块儿来谈，肉夹馍不是“中国的汉堡包”，而是汉堡包的“祖师爷”！汉堡包只有几百年的历史，而肉夹馍却有上千年的历史，这话，说的一点也不过分！

对于到西安游玩的外地人来说，吃上传统地道的西安肉夹馍，那是一种绝妙的享受。在西安的美食中，传统肉夹馍一直备受青睐。今天，西安肉夹馍早已走出国门，落户英法，风靡欧美。

手工面

三、美味快餐：凉皮子

凉皮，是起源于关中地区的美食，据说源于秦始皇时期，距今已有2000多年历史。凉皮因原料、制作方法、地域不同，又有米皮、面皮、擀面皮之称。凉皮是不可多得的天然绿色无公害食品。

1. 秦镇米皮

素有"沣京盛地、襟带镐京"之称的户县（今西安市鄠邑区）秦渡镇，位于沣河西岸。这里是西周京城丰镐区域，土地肥沃，物产丰富，盛产稻谷等农作物。相传，秦始皇在位时，有一年关中大旱，沣河缺水，户县秦镇一带稻子干枯，无米上贡。当时刑罚严苛，乡民皆恐，求教于一乡绅。隔日，乡绅计出，制凉皮上贡。将陈年大米浸泡过夜，用石磨碾成浆，沉淀，撇去上清，上笼蒸制，再加各种调料，即成秦镇凉皮。秦始皇尝过绵软爽滑、酸辣可口的凉皮后，大悦之下，遂免当年赋税，并指定秦镇米皮此后为皇家贡品。

秦镇经营米皮的店家很多，在关中一带影响很大，因而群众中流传有"乾州锅盔岐山面，秦镇皮子绕长安"的口头禅。所以米皮在秦镇是款待客人的上等饭食，过往的客商不但就地品尝，有许多人吃了还要用荷叶包上一些，带回去与亲戚朋友或与家人分享，别有情趣。

秦镇大米凉皮制作工艺十分讲究，从选米、碾粉到和浆、锅蒸都独具特色，制出的米皮白且透亮，蒸笼有多大就能蒸出多大一张，蒸好后在一张张米皮之间抹上些熟菜油，然后一层层摞起来，堆在案头如同招牌一般，皮子具有筋（劲道有嚼头）、薄（蒸得薄）、细（切得细）、穰（柔软）等特点。小贩取出一张凉皮，放在铺了雪白纱布的案上，娴熟地用一把大如铡刀的利刀，几乎看都不看地咣咣几下便把皮子切成筷子般粗细，然后放上盐、醋、特制的调料水，再佐以黄豆芽（或绿豆芽）、芹菜，最后用筷子挑起一撮皮子在盛满红亮的辣椒油的罐子里美美一蘸，红红的，油油的，一起淋到皮子上，然后端到食客面前。洁白的米皮、红亮的辣油，不等入口，那扑鼻的香味就已经馋得人口水直流了，拌匀了尝一口，皮子筋道，口味酸辣，鲜香异常，若嫌不过瘾，再用勺子挖一大勺辣椒放上，人间美味不过如此！

2. 西安面皮

关中平原是我国小麦的主要产地之一，以小麦面粉为原料制成的凉皮又称为"面皮"，

铲甑糕

在关中最为普及。关于面皮的制法，陕西籍文坛名家贾平凹先生在其《陕西小吃小识录》中记述如下：

> 制法：一斤面粉用二斤水，分三次倒入，先和成稠糊，再陆续加水和稀，加盐，加碱，稀浆以用手勺扬起能拉起筷子粗细的条为宜。笼上铺白纱布，面浆倒其上，摊二分厚，薄厚均匀，大火爆蒸，气圆，约六七分钟即熟。将面皮从笼箅上扣在案上，在每张面皮上抹一层菜油，叠堆在一起晾凉后用摆刀切成细条。
>
> 卖主卖时并不用称，三个指头一捏，三下一碗，碗碗分量相等，不会少一条，多一条也不给。加焯过的绿豆芽，加盐，加醋，加芝麻酱，后又三指一捏，三条四条地在辣子油盆里一蘸放入碗内，白者青白，红者艳红，未启唇则涎水满口。
>
> 且记：吃凉皮子的别忘记带手帕，否则吃罢一嘴艳红色，有伤体面。

面皮的大小、外观都与米皮差不多，只是颜色稍黄，两者的最大区别就是面皮里有面筋。面筋是做面皮时产生的副产品，不用再单做。好的面筋吃起来不但筋道、味香，而且里面有许多气孔，如同海绵一样，吸满了鲜美的料水和辣油，咬一口滋滋冒油，那种香辣透心、鲜美爽口的感觉实在过瘾，因此在西安凉皮店里最常听见的一句话就是："老板，多来点面筋，多放些辣子！"

西安凉皮选料精良，工艺严谨，调味讲究，特别是在炎炎夏季，假如你到西安街头走走，就不难发现，不论男女老少，凉皮都以它不可抗拒的诱惑力吸引着每一个人，无论大小凉皮摊上，时刻都是人满为患。除了它口感好、营养丰富以外，另一个重要的原因就是就餐快，一般三五分钟便可吃完，的确方便快捷，因此关中人又称凉皮为"凉皮快餐"。

3. 宝鸡擀面皮

擀面皮为西府（宝鸡）名小吃，发源于宝鸡市岐山县，又称"御京粉"，面皮以"白、薄、光、软、劲、香"闻名。2011年被认定为中华名小吃。但擀面皮是谁发明的，却鲜有人知。在宝鸡的大街小巷，不少卖擀面皮的小吃店都打着"八亩沟擀面皮"的招牌。擀面皮的发明者是否也来自"八亩沟"呢？

相传，清康熙年间，八亩沟人王同江凭借精湛厨艺，在京城做御厨。一次，康熙皇帝对饮食不满，指责御厨们"早上馒头晚上面，天天都是样板饭"。于是，御厨们绞尽脑汁创作新吃食，王同江则把目光聚焦在麦面上，经过多次冷淘实验，提取出面粉的精华，然后经过热

爆米花

蒸制作出一种擀制的面皮。这种面食一制作出来，就受到康熙皇帝以及宫廷众人的喜爱。到了夏季，后宫嫔妃尤其爱吃，此吃食因专供给宫廷，得名“御京粉”。王同江晚年返乡，把“御京粉”的制作方法带回了家乡，雇佣八亩沟乡亲，在岐山开设饮食店铺卖“御京粉”。在王同江的传授下，“御京粉”制作技艺在八亩沟广泛传播，并代代传承。西府人赠予“御京粉”更接地气的名字——擀面皮。20世纪80年代，八亩沟专做擀面皮的人家有35户之多，擀面皮和八亩沟人的命运紧紧扣在一起。擀面皮是御厨王同江送给家乡人最好的礼物。

擀面皮具有筋道、柔软、凉香、酸辣可口的特点，擀面皮做法很特别，别处的米面皮都是把面调成糊状，放在特制的铁笼上蒸。而宝鸡擀面皮则是和面、洗面、发酵、压面，然后擀成面皮，最后再蒸，蒸熟后再切成比凉皮稍宽的条状，下脚料还可以做成呱呱，切成薄片放在面皮里一起吃。吃法和米面皮基本一样，不同于米面皮的是，擀面皮口感较硬，韧度高，有筋性。关中人都喜欢吃，近几年来在全国也很流行。

制作窍门：

碾辣面：取当年的干红辣椒（品种以岐山当地的羊角线辣椒最香），放入大铁锅中用文火翻炒至辣子的辣味和香味充分散发，辣子呈鲜红发亮时，倒入碾子中碾成合适粗细的辣椒面备用。

油泼辣子：取3到4勺或适量的辣子面放入瓷制或搪瓷的辣子罐中，加入少许盐和五香粉搅匀。锅内倒入菜籽油，加热到十成热后关火静置，到不冒油烟时，分成三次倒入辣子罐，用油泼辣子面，每次都要搅动均匀以免油泼不均匀，从而导致有的地方煳了，有的地方没泼到还是生的。

激香：倒完油后搅动辣子到不冒泡时，倒入用玉米、麦子、高粱等酿制的岐山粮食醋数滴，马上搅动辣子，使辣子再次沸腾冒泡，一股香气腾起。激香后的辣子色泽鲜红油亮，浓浓的香气中略微带点酸味，扑鼻而来。

润色：激香后再等辣子不冒泡的时候，在辣子中加入少量的白糖（也有加蜂蜜的），搅拌均匀，使白糖充分利用辣子的余热溶解于油泼辣子中。润色后的油泼辣子红润厚重，辣子油显得较为黏稠。

此时的油泼辣子因为白糖的缘故增加了一个新特性，比如调面条时会发现绝大部分的辣子油都粘在面条上，使面条颜色诱人，而碗边粘的辣子并不多，充分体现了好钢用在刀刃

𰻞𰻞面

上、决不浪费的纯朴民风。

相声里说，“大饼卷着馒头粘米饭吃”，这是戏谑。但在宝鸡地区，时常可以看见售卖“面皮夹馍”，这种把主食当副食的创举，充满了浪漫主义色彩。凉皮丰富的口感，实在可以当配菜佐餐。凉皮夹馍、炒凉皮、烧肉凉皮，关中人把凉皮的吃法推陈出新，与时俱进。也许有一天，“凉皮盖浇饭”和“章鱼烧凉皮”出现，人们也不会惊讶。在这个飞速发展的时代，古老的凉皮，可以百搭，可以颠覆，但是那种坦荡奔放的气质、香辣酸爽的口感不会变。关中人那么热爱生活，而生活，也慷慨地回报着关中地域的人们。[①]

四、文化符号：biangbiang面

关中有一首广为流传的歌谣：

一点飞上天
黄河两道湾
八字大张口
言字往里走
左一扭　右一扭
西一长　东一长
中间夹个马大王
心字底　月字旁
留个钩搭挂麻糖
推个车车逛咸阳

关于“biang”这个字，关中城乡有多种说法，但大同小异。按顺口溜写下去，就会在你眼前出现一个古朴端庄活灵活现的“biang”字来。

biangbiang面是关中名特小吃，这段弯弯曲曲巧妙幽默的“biang”字组合，概括了biangbiang面的产地特性、食者感受、制作工艺等内容，引出咸阳人为之自豪的饮食文化。

biang这个字，不是图案，而是文字。这个字笔画繁多，结构复杂，文化味浓，确切字形在正规字典里查不到，辞海里也没有，外地人更不认识，它是咸阳人对面食的一种称谓：叫“油泼辣子biangbiang面”。biangbiang二字只是代用而已，别的地方用不上。

炸油饼

biang这个字的音是从几个方面而来的：

1）面在拉扯过程中，在案板上会发出biangbiang的声音；

2）面被扔到空中，落在锅沿上会发出biangbiang的声音；

3）面扔空中后，落在锅里的滚烫水中发出biangbiang的声音；

4）面在捞出和调味搅拌过程中，会发出biangbiang的声音；

5）面在入口时，在嘴边会发出biangbiang的声音。

外地人往往理解或读作以下几个方面的声音：

1）赶马车的鞭子声。

2）放鞭炮的声音。

3）打人巴掌的声音。

4）战士打枪打靶的声音。

5）重物体压扁一般小东西的声音。

6）打竹板的声音。

7）下大雨雨点落地的声音。

外地人读不准音调，简单解释也听不明白，只有看了扯面操作和亲口品尝后才会慢慢明白这一点，真正理解还要观察关中人吃面的过程。

关于biangbiang面的来历有多种说法：

传说一：

相传秦朝时，秦军连年征战，来自关中地区的秦军兵士喜爱吃面，可行军打仗又不可能带着擀面杖和案板。怎么办呢？一位聪明的伙夫为了让兵士们吃到可口的家乡面，苦思冥想终于想出一个办法：他先把面和好，然后又随意找了一块板，将和好的面扯住两头，摔打成又长又宽又厚的裤带面，面与面板摔打撞击发出biangbiang的声音……煮熟后捞出一大海碗，碗底事先盛着作料和一些豆芽、青菜，再浇上一大勺油泼辣子，热腾腾地端上来，兵士们纷纷争尝，顿时一片啧啧声。打完仗，聪明的伙夫回到了家乡咸阳，便以卖biangbiang面为生。所以咸阳街头就多了一个卖面的老翁……

传说二：

在秦朝时，咸阳街头常有一位老翁推车沿街叫卖biangbiang面，有时在路边或渭河边

豆腐脑

架锅劈柴生火并从渭河里舀水和面，给锅里添水煮面。如遇食客，将和好的面一扯二扯三四扯，五拉六拉七八拉，扯九拉十的，像变戏法似的将面拉成又长又宽的裤带面，并揪成宽面片状，扔向空中，面片准确地回落在滚开的锅里，煮熟后捞到大海碗里，老翁从挂在车子杠杆上的布袋里，取出各种调料，调入面碗中，然后将半铁勺滚烫的清油猛地“刺啦”往上一泼，递给食客。因为做功奇特，香气四溢，筋软滑溜，味道地道，口感爽快的biangbiang面，令围观者馋得大流口水，个个食欲大开，纷纷争尝，顿时一片啧啧之声。

有一天，秦宫内载歌载舞，锣鼓喧天，欢庆战争取得胜利。秦始皇却在宫中愁眉不展、闷闷不乐，一是因为国家还不安宁，不时要受匈奴外族入侵；二是因为筹划修筑万里长城之事劳累过度，平日又是日理万机，龙体欠安。御膳房做出各种山珍海味，始皇连看都懒得看一眼。这样一来，急坏了宫内所有的宦官，其中一名宦官灵机一动，竟跑到集市上给皇上端来一碗biangbiang面，秦始皇一闻到这浓烈的辣子、葱味，就胃口大开了，端起来一顿猛吃。不想吃过之后一发而不可收，大声赞叹：民间竟有比山珍海味还香的食物！忙问这是何物？答曰：“biangbiang面。”biangbiang面遂成为秦始皇御宴的必备品。有诗为证：

推车咸阳街头转，遇见官府老爷汉。
禀告君王好御膳，君王知晓要接见，
端来一碗biangbiang面。

秦始皇立刻传令侍从速备车辇，到咸阳街头视察老翁面食做法。他视察完biangbiang面制作的全过程，突然高声道：“盼望大秦人民天天吃biangbiang面，月月逛我朝咸阳。”秦始皇叫侍从拿来笔墨挥笔写下一个古朴苍劲的字。从此，biangbiang面就名正言顺地被当朝皇上造出来了。

传说三：

传说在唐时，有一位秀才进京赶考，饥肠辘辘之际，路过咸阳一家面馆，听见里面biangbiang之声不绝，便踱了进去，只见店里面案上摆满了长条状面块，大师傅提过一块，扯住两头，在案板上甩成裤带般宽厚，扔进锅里，煮了几滚，捞进垫有青菜豆芽的大海碗，撒点干面辣椒、蒜末等，再浇上热油，“刺啦”一声后，店里香气一片。端上来，秀才风卷残云吃得一干二净，满头大汗。吃饱喝足，秀才问道：“这面何名？”老板答道：“biangbiang面。”秀才从未听过，又问：“怎么写？”这家面店虽是远近闻名的老字号，做面一绝，但至于这个

炸柿饼

字怎么个写法，店主从未想过，更何况字典里也没有。秀才读破五车书，寻思一阵，一声大喝："笔墨伺候！"只见他笔走龙蛇，边写边歌道："一点飞上天，黄河两道弯；八字大张口，言字往里走，左一扭，右一扭；西一长，东一长，中间加个马大王；心字底，月字旁，留个勾搭挂麻糖；推个车车逛咸阳。"一个字，写尽了山川地理，世间滋味。

秀才写罢掷笔，满堂喝彩。从此，"biangbiang面"名震关中。

biangbiang面的biang字一共有52画，这个怪字，民间还有一说是当年秦朝宰相李斯发明的，biang字说的就是面条摔在案板上的声音，一寸来宽的面条，经得起这么折腾，响当当地配得上陕西十大怪"面条像裤带"的名头。

制作一碗好的biangbiang面，揉面是关键，只有经过厨师反复地揉制，一根平常的面条才能焕发出如此的活力。

biangbiang面讲究的是"一根不断，一碗三根"，一根面配上几片湛清碧绿的油菜叶子，配上精心制作的浇头，撒上鲜红的辣椒面，一勺滚油泼上去，刺啦啦的，香气冲出来，面条爽滑柔韧，筋道十足。

听觉、视觉、味觉均得到满足，人间美味不过如此。一日三餐，都是关中人吃面的黄金时间，甭管是卖面的大声吆喝，还是食客的畅快淋漓，只有在关中你才会发现，吃面是这样一种美的享受。

著名作家贾平凹先生对这个字有一新解：看biang这个字的结构就知道，笔画多，含义广，它体现了秦人对幸福的追求。上面宝盖头，是说秦人有房子住；中间是个言，老百姓可以自由言论；还有两个绞丝旁，证明有衣服穿；下面有个马，出门不缺出行工具；左边是月，有肉吃；右边是戈，有武器保护；心很大，表明心里踏实；最后还有一个走之旁，能四处旅游。看看，我们关中人自古以来就是多么的幸福。

民间种种传说和附会，已无从考证。但可以肯定的是"biang"字为文化造字，千年流传，留存着当地人的文化记忆。一个字，一种面食，一曲传唱不衰的歌谣，鲜活生动，写着、吃着、唱着关中丰富多彩的民风民俗。biangbiang面不仅仅是秦人最喜爱的一种面食，更重要的是它承载着秦人的精神和品格，成为当地人无法割舍的文化基因和文化构成。②

礼泉烙面

第二节　风味饮食　各具特色

一、走亲访友坐宴席

关中的饮食文化博大精深，总的特点是简朴、大气、精细、美妙、包容。其品种之多，做工之细，手法之巧，口感之美，令人叹为观止。

关中饮食以五谷为主料，以素食为主流。古时关中以农耕为主，种什么，吃什么，品种单一而样式多变，简朴而实用。虽不张扬华丽，却能受用绿色食谱，益寿延年，妙在其中。厨艺多为家庭传承，一家自成一脉，百花齐放的味儿很浓。邻里相仿，村族相因，造就了一方水土、一方饮食。饮食讲究简朴，这是传统习惯，折射出先辈们面朝黄土背向天的艰辛，也暗合养生之道。

关中各地一般为一日三餐，一餐称为“一顿”。称早餐为“早饭”，称午餐为“晌午饭”，晚餐称“喝汤”。晚饭名为“喝汤”，实则并非只喝稀粥米汤，仍以吃馍为主。

乡村不少地方在农闲季节或夜长昼短的冬季，改为日食两餐，俗谓“两顿饭”。夏收季节劳动强度大，劳作时间长，有时也有日食四餐的。吃饭时，女的一般都在家里，男的喜欢端一粗瓷老碗，带一碟葱花油泼辣子，或蹲在街道边树荫下，或蹲在较高的土堆上，同邻居三五成群围在一起，边吃边谝，俗称“老碗会”。正如民谚“关中十大怪”中说的：“吃饭蹲在大门外，葱花辣子一碟菜，碗和面盆分不开，凳子不坐蹲起来。”

关中人走亲访友时，一般都是当日去当日回，主家待客以午餐为主。客人进屋，主人先以自产大枣、柿饼、花生等招待，或是以蛋花醪糟招待，无醪糟的则以挂面煮荷包蛋招待。但这些都不算一餐，是先给客人垫底压饥的，然后再炒菜做饭。

关中妇女虽不擅长炒菜，但来客后也要做两盘应手的小菜，常以炒鸡蛋、炒土豆丝、炒粉条之类供客人佐酒。待客的主食或是臊子面，或是酿皮子。

关中人平时多在炕头上待客，炕头设小桌，名曰“炕桌”，桌上置托盘。不设凳子，盘腿而坐，颇有古人“席地而坐”的遗风。

乡村办红白喜事，一般都要摆宴席，关中人的宴席讲究“一汤”“一席”，“汤”即吃臊子

乾县名吃驴蹄子

面，“席”就是用汤后再吃酒席。关中一些地方待客流行“十三花碟子”，即五个肉碟子（排骨、冻肉、肉丝、肉丁、凉拌肉）、四个菜碟子（发菜、虾仁、红菜、鹿角）和四个干果碟子（酥片、杏仁、瓜子、花生米）。中间摆一大空瓷盘，由客人将各肉碟中的肉菜夹一些放在里面，调少许酱油、香油、香醋、辣子油，搅拌后，即可下酒。上正菜前，撤去中间大瓷盘，在每个客人面前摆一个小羹碟和一个小羹勺。菜有上十二道的、十八道的，更有上二十四道、三十六道的。最后还要上吃饭菜。主食是白面蒸馍。餐桌有方、圆两种，圆桌多可坐十二人，方桌可坐八人。圆、方桌各有“看客”（帮事主招待宾客的族人）一人，其职责是斟酒布菜。

有些经济不富裕的人家，席上只有四碗一品：四面摆四碗菜，上面是肉，下面则是萝卜、白菜、豆腐垫底，桌子中间再放一大碗烩菜。因这种酒席很单薄，有人讥之为“萝卜白菜垫碗子，大肉没有几片子”，称其为“漂水席”。

宴席的座次，旧时尚右，以西为尊，其次为北，再次为南，最后为东。随着时代的变迁，现代各地都是以向外方位的左边为首位，右为次位，两侧更次之，背向屋外者为下席。上席是客人中年长者或辈分最高者的座位，其他客人坐两侧，主人和年幼者在下席相陪。辛亥革命前，男女不同席，妇女专坐一席。中华人民共和国建立后，此俗渐废，现在男女皆可同桌而食。

上菜的顺序和放菜的位置亦各有规矩，在关中一些地方，上第一道菜必须是海参，叫作“参打头”。然后再依次上各种肉类烹制的菜肴。荤菜上毕，上甜菜时先端一碗清水涮洗筷子，以免咸甜混味。最后一道菜通常是四喜丸子。“丸”，“完”谐音，表示菜已上完。上菜时每上一碗，则必须将前面吃剩的菜收回一碗，再上再收。待上甜菜时，荤菜的碗盘已收完，只留下四个凉盘不收，叫作“压桌碟子”。

做客还有其他一些规矩，例如在宴席上不能碰别人的筷子；自己的筷子不可在菜里乱翻乱搅；夹菜时不要夹夹这块放下不吃，又去夹另一块菜；饭吃完要把筷子平摆在碗上，如果自己吃完，不可马上离座，要等大家一起散席，若自己有事须先走，应向其他客人解释，并说声“失陪”。在关中一带做客有十忌：一忌开门不进家，在门口探头探脑；二忌上炕不脱鞋；三忌笑声不开朗，靠鼻子冷笑不礼貌；四忌衣帽不整洁；五忌自傲不尊老；六忌孤僻不爱小；七忌晚辈吃饭坐上席；八忌抢先动碗筷；九忌问人悲伤事；十忌走时不告辞。关中人请客吃饭不能上两个菜，认为这是两眼瞪人不礼貌。[③]

蘸水面

二、关中面食特色多

日本导演、作家宫崎骏曾经在他的影片中介绍中国的面条。他说：在面条漫长的发展过程中，智慧勤劳的中国人将这种食物发展到了淋漓尽致的地步。无论是陕西黄土高坡上的农民，还是各大城市的市民，无不喜爱这又长又柔的吃食。面条是中国人所喜爱的大众化膳食，要知道，在中国面条是长寿的象征。面条是礼仪文化在饮食上的体现，它的一些不同做法代表着礼仪，久而久之形成一种风俗。所以关中人爱吃长寿面，爱吃送行面，爱吃团圆面……

关中沃野千里，自古以来农业十分发达。

早在《诗经》中，周人就对发祥地周原一带的土地发出由衷的赞美："周原膴膴，堇荼如饴。"肥美的土地，长出的苦菜味道也像糖一样甜。中国的农业之神后稷，就诞生在这里。战国时，关中被称为"天府之国"，当年秦国在此修了郑国渠："泾水一石，其泥数斗，且溉且粪，长我禾黍。"当时的农人已经能够"举锸为云，决渠为雨"。《汉书》说关中"沃野千里，四塞之固"。

关中人在这片土地上耕耘了几千年，以种植小麦为主。很自然，关中人吃饭以面食为主。正如谚语说的"秦岭一条线，南吃大米北吃面"，"汉中的女儿会蒸饭，关中的媳妇会擀面"。

关中人吃面，端的是关中人叫作老碗的大海碗。这种大老碗，尤以耀州做得最有名，大抵能赶上南方人盛汤用的盆。中午饭时，走进西安大街小巷任何一家饭馆，只要是老陕，肯定端着堆得岗尖岗尖的捞面条的大老碗，埋头苦干。只听见满堂吸吸溜溜、呼呼噜噜的进食声。这种旁若无人、汪洋恣肆的场面，用豪壮来形容，一点也不为过。这让初到西安的南方人，惊得连连摇头。

关中人喜欢吃面食，早已闻名全国。单以关中人四季常吃的面条来说就有：油泼面、臊子面、biangbiang面、浆水面、蒜蘸面、菠菜面、酸汤面、摆汤面、大刀面、窝窝面、炉齿面、箸头面、踅面、疙瘩面、血条面、漓水面、棋花面、糁子面、麻什面、清汤面、糊汤面、荞面等多种。可以说，到了关中，就像到了面条的世界，一天三顿吃面条，保证样样不重复，眼观鼻闻都是面条的灿烂与馨香。

关中女人没有不会擀面的，能把面擀得薄如纸，切得细如线，下在锅里煮不烂，捞在碗里一窝丝，才能算得上是有真本事的巧媳妇，否则便算是没本事的笨媳妇。旧时农村娶媳妇

蒸酿皮

的第二天上午，便有一个隆重的擀面仪式，俗称“考媳妇”。客人上席后，新媳妇亲自上案擀面，小姑、妯娌、姨、婶等在旁围观，对她的和面、揉面、擀面、切面等一整套技术进行品评。擀得不好，便要受到奚落。所以女儿从七岁起，娘便授其技艺，搭凳子在案前使擀杖，在娘家把擀面技术学得娴熟方能出嫁。擀面的关键技术是和面，面要和得软硬适度，擀起面来才能得心应手；面团要在案上反复揉搓，擀出的面才能有韧劲；擀面的手劲要匀，才能达到厚薄一致。关中妇女擀面的这种技艺，不能不算一绝。面切宽切细，由客人口味而定。一般来说，妇女和老人喜欢吃细面，中青年男子则喜欢吃宽面，宽面硬实，有嚼头，有的面宽约寸许，所谓“面条像裤带”即指此。

面条的品种和吃法很多，风味各异，现将关中人四季常吃的几种面食记述在这里。

1. 油泼面

关中地区，最常见的面食就是油泼面，基本上一般面馆都有油泼面，而油泼面里头一般再细分为油泼扯面和油泼棍棍面。有人喜欢吃扯面，也有人喜欢吃棍棍面，一般情况，下面馆时的油泼面都默认为油泼扯面，但也有面馆如果客人不提前声明的话，会做成棍棍面，当然，更多情况下老板会问你，要扯面还是棍棍面。

油泼扯面堪称关中的“拉面”，和大名鼎鼎的兰州拉面相比，关中的油泼扯面更注重“扯”，而不是“拉”。油泼面是将面粉和成软的面团，然后擀成小条，每四五条一把，把小条面块用手压扁擀成宽片，在宽片中间用小擀杖横压一道纹，双手左右分开扯成宽面片，再顺中间压纹处劈开，投入开水锅里煮熟，捞在碗里。面上放适量干辣椒面、葱花，将烧开的火花油猛泼入碗里的辣面上即成，泼面时，面上可放各种时鲜蔬菜，如韭菜花、香椿、豆芽、青菜等，喜食辣子者还可放些油泼辣子。

油泼棍棍面号称关中的“拉条子”，外形和新疆拉条子很像。棍棍面用凉盐水和面，和得稍微软一些，醒一个小时左右后，揉光，搓圆，按平，再擀到筷子薄厚，切成筷子粗的四方条，然后用手一根根搓成细长棍状，后面的工序和油泼扯面基本一样，都是煮好面后放辣子，再浇油。

当年从西安电影制片厂走向全国的著名导演张艺谋念念不忘油泼面。在电影《三枪拍案惊奇》中，张艺谋竟然破天荒地将“关中油泼面”“关中年画”“东北二人转”融合在一起。西安的油泼面因此火遍全国。

碾辣子

2. 岐山臊子面

关中地域的面条正如关中人一样，也有精致的风格。其中岐山臊子面，恰似关中人性格的另一面，表面看似平淡，但一接触就会发现内在的浑厚、雍容、深沉、雄奇。

岐山臊子面是关中最有代表性的礼仪面，最能体现秦地文化源远流长、博大精深的一面。每当遇到婚丧嫁娶、逢年过节，关中人总以臊子面飨客。“举箸食汤饼（面条），祝辞添麒麟。”尤其娶媳妇、嫁女、生了儿子过满月，更要大肆张扬地做臊子面待客。

这可是当年周文王传下来的美食呢！

岐山一带是西周的发祥地。周文王姬昌当时为“西伯”，由于他礼贤下士，注重发展生产，富国强兵，因而遭到殷纣王的嫉恨，被残暴的殷纣王囚禁在羑里（今河南汤阴县）。他被“赎”出来后，风尘仆仆地回到家乡，前脚刚迈进家门，左邻右舍、亲戚朋友和老部卒们便纷纷拿着礼物来看望。因为他长期被监禁，身子受了亏，非常消瘦羸弱，因此人们都尽自己的能力给他送来好吃的东西，以补养身子。左邻提着一大吊子猪肉，右舍提来一笼鸡蛋，村头的种菜老爹送来一把绿油油的青菜……人们关切地问候姬昌的身子骨可好，又拉了一会儿闲话，亲如家人。眨眼间做晌午饭的时间到了，人们纷纷告辞要走，姬昌拦住大伙说：“都别走了，我和大伙分别日久，今日就在一个炕上吃顿团圆安生的面吧。”人们纷纷赞同。姬昌的夫人边挖面边问：“做汤面还是做浆水面？”姬昌说：“咱做一顿‘和气面’吃吧。”“和气面咋做？”姬昌说：“你给咱把乡邻亲友们送来的肉、蛋、菜蔬全炒熟，面我给咱擀。”说完他把袖子一挽，和面，揉面，噔噔噔地擀起长面来了。别看姬昌是一国诸侯，号称“西伯”，有治国安邦的雄才大略，擀起面来也是一个老行家哩。他擀的面又薄又筋又光，比夫人织的蝉翼般的丝绸还薄。面条擀好后，在一个锅里下面，在另一个锅里调汤。大家把面捞在碗里，浇上丰富美味的臊子汤菜，吃完面条，把汤再倒回锅里，然后再捞面、浇汤。姬昌说，吃这种用大伙的肉蛋菜蔬等做的和气面，再加上只吃面、不喝汤的吃法就表示了和气的意思。

岐山臊子面是关中面食一绝，特别是在关中西部影响很大，农村逢年过节或遇红白喜事，都以它招待宾客。其特点有“九字令”概括：“薄筋光，煎稀汪，酸辣香。”薄、筋、光是指擀出的面条应达到的质量；煎、稀、汪是要求汤烫、汤宽、油多；酸、辣、香是指调味之美。台湾师范大学教授赵宁博士，在《赵宁留美记》一书中赞誉岐山臊子面“精彩无比”，并奉劝“读者诸君，没有尝过的，赶紧拜访陕西乡党，讨来吃吃。天下美味，不过如此。”陕西著名

烧醪糟

作家贾平凹在他的《陕西小吃小识录》中，对岐山臊子面的制作工艺有这样一段细致入微的描写："臊子，猪肉，必带皮切块，碎而不粥。起锅加油烧热，投之，下姜末、调料面煸炒。待水分干后，将醋顺锅边烹入，冲冒白烟。后以酱油杀之，加水，煮。肉皮能掐时，放盐，文火至肉烂舀出。擀面，碱合水，水合面，揉搓成絮，成团，盘起回性。后再揉，后再搓，反复不已。尔后擀薄如纸，细切如线，滚水下锅莲花般转，捞到碗里一窝丝，浇臊子，只吃面而不喝汤。"

臊子面又叫"长命面"。宋朱翌《猗觉寮杂记》上说："唐人生日多俱汤饼，世所谓'长命面'者也。"唐代诗人刘禹锡有诗云："余为座上客，举箸食汤饼。"面条一类的食品，在唐代被称作"汤饼"。刘诗中提及的汤饼，就是"长命面"。它是唐朝时用来款待客人的佳点。相传，苏东坡在陕西为官时，特别喜食这种面条，并写下了对它的赞美诗句："甚欲去为汤饼客，惟愁错写弄獐书。"

吃臊子面还有讲究。不论谁家办红白喜事，第一碗臊子面先不上席，而由小字辈端出门外泼两次汤，象征祭祀天神、地神，剩下的汤称"福把子"，泼向正堂的祖灵牌位，然后才上席，并按辈分和身份次序上饭。过去吃面剩下的汤不能倒掉，还得回锅，取有余之意。现在敬神灵和祖灵，吃回锅汤这些习俗已经改变。

关中的面食以实惠闻名，很少搞花里胡哨的功夫，不过岐山面食还有一种吃法，俗称"一口香"。和关中常见的大碗盛面不同，一口香得端上来很多碗，每碗就是一口的量，有些许南方人吃饭"小家碧玉"的意味。一口香的这种吃法主要是为了保证汤的纯正口感，好臊子面汤要热，凉了就没味了，臊子要足，大碗吃往往是一口面一口汤一口臊子，吃不到一起；只有这样一小碗连汤带面合着臊子一口而下，才能真正品出其中美味。不过，这种一口一碗面的一口香私下里做可以，在面馆里已经不多见，面馆里的一口香多是小碗面，一般上六至七碗够吃，店家做生意也讲究效益，要是一口一块钱，或许人家才有兴趣做。

3. 杨凌蘸水面

关中人吃面越吃越长，越吃越讲究，这样的面就叫作"蘸水面"。其中，尤以杨凌的蘸水面最有名。

杨凌蘸水面是近代在关中一带崛起的地方特色面种，至于何年何月何人创始，史料未曾记载，尚无从考证，但蘸水面确实是多年来杨凌、武功一带人最爱吃的面食。杨凌蘸水面概

小李旗花面

括起来只有20个字："面白薄筋光，汤汪蒜辣香，汤面分盆装，越嚼越觉香。"

"面白薄筋光"，是对和面、揉面的要求。蘸水面用的是上好的麦面，要做到薄、筋、光，和面、揉面最为重要，通常再好的小伙子也难过揉面这一关。一天到晚揉面，胳膊肿胀是很正常的，这个活太费劲了。然后是在油渍渍的铁皮案上拌面，越拌越长，越拌越薄，越拌越筋，越拌越光。

"汤汪蒜辣香"，是说熬制的作料汤要菜油多，汤内突出的就是油泼的生姜大蒜泥和油泼鲜红辣子，再加上鲜醋和炒熟的西红柿鸡蛋花。即使不吃面，就是品尝一口汤，也顿觉神清气爽，食欲大增，香味满腹。

"汤面分盆装，越嚼越觉香"，是说杨凌蘸水面按根卖，一根面一米多长，皮带那么宽；面和作料汤是分开的，盛面都用脸盆一样大小的铝盆，上面飘着些绿色蔬菜做点缀，作料碗内的汤由可口的开胃佐料，即蒜泥、油泼辣子、粮食醋和鲜菜等调制。吃的时候从大面盆里夹出宽、厚且长的面条，拉到作料碗里的汤中拌匀，然后夹着面条一口一口地咬着吃，这样始终保持汤味浓郁，先后如一。

吃蘸水面，实际上是独吃一根面、几束青菜。那种感觉，可就十分爽快了。

4. 浆水面

关中农村，几乎家家户户都要制浆水、吃浆水面，以长安浆水最为有名。这种面原料易备，经济实惠，流行于乡下，适合普通人的口味，故而著名作家贾平凹称它为"下里巴人饭"，并说"不吃者绝不吃，喜吃者死都要吃"。这种面大致有三种吃法：一种是先把面条下入开水锅中煮沸，再把浆水连汤带菜倒入锅中，加精盐和辣油即可食用；另一种吃法是把面煮熟，捞入碗内，浇上冷浆水，加盐和油泼辣子拌匀吃；还有一种吃法就是先把浆水用油和蒜苗炒热，面捞在碗里，浇上热浆水吃。这三种吃法，随食者口味而定，但不论选用哪种吃法，都不可加醋，有醋则味涩。这种面清淡味醇，爽滑利口，有清暑解热和健脾的作用。咸阳礼泉、乾县一带就有"浆水面，红皮蒜，清暑解渴就是谄（关中方言，好的意思）"的顺口溜。

5. 荞面饸饹

"荞面饸饹黑是黑，筋韧爽口能待客"，这是关中一带对传统风味小吃荞面饸饹的赞语。荞面饸饹是用荞麦面压制的一种细长的圆条形面食。它冬可热吃，夏可凉食，风味独特，

磨豆腐

有健胃消暑的功效。西安有很多专门经营饸饹的餐馆，小摊点更不计其数。

荞麦含有60％到70％的淀粉、11％左右的蛋白质、2％的脂肪，还含有铁、磷、钙和维生素B等物质，是营养丰富的粮食。荞麦亦可入药，有消食化积、止汗和消炎的功效。

饸饹，因多用荞麦面制成，所以比较固定的叫法是“荞面饸饹”。据有人考证说，此食物在元代已经有了，根据是元人王桢著的《农书·荞麦》中有“北方山后，诸郡多种，磨而为面或做汤饼，谓之河漏”的记载。“河漏”“饸饹”，两者在读音上无论按普通话还是陕西腔都很相近，也许后者是前者的转音吧。

制作饸饹的其中一个环节是压床子。“压床子”是把一个像粗木条凳似的木架子架在大铁锅上，将一个漏斗状的圆孔对着锅，将荞面一块块抟成团塞入圆孔，用力下压成条条细丝入锅，行话是“锅开压、锅开打”。“打”就是一煮开就打断长条收上来。这床子如今在西安的餐馆里已难看见，偶能见到，就有外国人拍照，本地人围观，看着稀罕。这用具简直可以进饮食文物博物馆了，像个铺瓜馅的铺子。用力一压，比小指头细的荞面条就一段段漏下来。煮熟的饸饹滑溜溜的，很筋道，吃多了腮帮子累得慌。荞面的制作过程很独特，设焦炭炉、汤锅，将压荞模子的漏孔置汤锅上，后面用杠杆压，孔内压出的荞面条便流进锅里。要一碗一碗煮，现压现煮。这饸饹分热、凉两种吃法。夏季一般是凉吃，在碗里调入精盐、香醋、芥末、蒜汁、芝麻酱和红油辣子，有时师傅将芥末下得狠了一些，一筷子入口，不由得浑身一颤，好像七窍六神都通了，是消夏祛暑的好东西。冬季多是热吃，在饸饹碗里浇上臊子和热骨头汤，再撒入胡椒粉、香菜、蒜苗丝和紫菜，吃起来汤鲜面筋，令人通体舒畅。

美食纪录片《舌尖上的中国》系列在央视播出后立刻火遍全国。在这一系列纪录片中，面食是绝对的主角，有一集中，被称为“吃货天堂”的西安的羊肉泡馍、肉夹馍、biangbiang面、凉皮、岐山臊子面、油泼面等美食都以最馋人的姿态悉数亮相。

2017年，《白鹿原》这部史诗级大剧，直接把西安人眼中最平常的油泼面一举捧红，在很多外地观众的眼中，它的地位甚至已经超过了“老字号西安小吃”凉皮与肉夹馍。剧中白嘉轩的妻子仙草凭借其做油泼面的手艺俘获了夫家人的心，也俘获了观众的心。只见她卖力地揉面、擀面、下面，再刺啦浇上一大勺菜籽油，香气似乎隔着屏幕袭来，让人忍不住吞津。这部秦味大剧，在食客眼中，活脱脱就是一部“舌尖上的西安”。

炸油馍

三、风味蒸馍与锅盔

馍这种不起眼的日常吃食，关中也有许多别致、风味十足的做法。

罐罐馍：临潼的“罐罐馍”，因其形似罐罐而得名。制作这种馍，面团盘揉的时间要长，讲究把面和硬，分成几块反复揉搓。做馍时，每个面剂还要多次揉搓，因而蒸出的馍干酥香甜，皮薄层多，凉吃酥而不粘，可存放数日不变质。

椽头馍：蒲城的“椽头馍”，因形似椽头而得名。这种馍不同于北方人常吃的一般蒸馍，制作此馍不用碱，而是用1/4的酵面和3/4的面粉混合，快速揉成硬面团，用木杠反复排压，使酵面充分混合，再反复揉搓，直至面团柔软光滑时制成馍坯，饧至馍坯微发虚时，入笼蒸熟即成。这种馍皮光色润含水量少，风吹不裂皮，久存不变质，吃起来满口香甜。1982年，在渭南地区风味食品展销会上，椽头馍被评为传统名优食品。

石子馍：驰誉三秦的“石子馍”在关中地域深受群众的喜爱。石子馍历史悠久，具有明显的石器时代的“石烹”遗风，被食品专家称为食品史上的“活化石”。有关它的最早文字记载，见于唐代李匡乂《资暇集》，那时称为“石鏊饼”。李匡乂说，石饼本来叫“喭饼”，因为同州人好相喭（yàn，粗鲁、逞强好胜），每到口角相争、相持不下时，就要去官府打官司，双方都怕官司打输坐牢挨饿，所以“必怀此饼而去，用备狴牢之粮”。后来石子馍成为当地进献唐朝皇帝的贡品。到了清代，石子馍随着做官、经商的秦人传至江南。文坛巨匠袁枚在他的《随园食单》中称誉它为“天然饼”，对其用料、做法、特点做了详细记载：“泾阳张荷塘明府家制天然饼，用上白飞面加微糖及脂油为酥，随意搦成饼样，如碗大，不拘方圆，厚二分许，用洁净小鹅子石衬而熯（hàn，烧的意思）之，随其自为凹凸，色半黄便起，松美异常。或用盐亦可。”这段记述和今天石子馍的用料、做法、特点基本相同。这种烙制食品的方法虽然很古老，但由于焙烙传热均匀，使饼既不易焦煳，又能熟透，吃起来油酥咸香，可久贮不坏。随着旅游事业的发展，石子馍已由乡村转入城市的高级饭店。现在虽然仍以鹅卵石作为导热媒介，但加工方法更为精细，也更讲究卫生，并将其体积改小，人们偶尔品尝几口，更觉比山珍海味还有嚼头。不少中外宾客一到西安的饭店或酒家，都纷纷要求品尝石子馍，并购买一些带回，作为珍馐美味馈赠亲友。

柱顶石馍：在唐太宗李世民陵墓所在地的咸阳礼泉县，有一种著名的传统风味小吃“柱顶石馍”，因其形状似柱顶石而得名。据传此馍始于唐代，迄今已有1300多年的历史。因它色泽鲜美，醇香扑鼻，不佐菜肴吃亦美味可口，过往游客无不购买品尝。清朝乾隆皇帝拜祭唐太宗昭陵时，品尝了地方官员敬献的柱顶石馍，极为赞赏。这种馍是用碱水把面粉、蛋清、酵面快速揉成面团，再制成外实内空、表面鼓起、底心内凹的馍坯，然后用刻有花纹的木模压上图案，放入铁盘内，用木炭火或无烟煤烤熟的，吃起来酥脆爽口，甘香味美。当地人把这种馍的特点总结了四句话："皮薄瓤厚鼓鼓腔，底凹面平柱顶样，酥脆爽口味道香，携带方便好存放。"1981年8月，美国总统卡特访华，其间他同夫人、女儿一行来陕，访问了咸阳礼泉县烽火大队，中午在一农民家里吃饭，主食有面条、柱顶石馍、饺子，菜有西红柿炒鸡蛋、烧豆腐、炒蛇豆、凉拌豆芽。卡特不熟悉地用筷子夹着各种农家菜，边吃边竖起拇指夸奖："真好吃！真好吃！"他对柱顶石馍尤其感兴趣，赞不绝口，向主人详细询问了制作方法，并让翻译把柱顶石馍的用料、制法和特点全部译成英文带回美国去了。

乾州大锅盔："锅盔"始于唐代，相传唐代修筑乾陵，一个士兵饥饿难忍，曾脱下头盔烘烤面饼，香脆可口，因状如锅盖，又是用头盔做的，故名"锅盔"。后来大家纷纷效仿，相沿成俗，遂成为民间喜食的一种面制食品。锅盔最负盛名的要算乾县锅盔，它色形美观，皮薄瓤酥。做这种锅盔必须下苦力，俗称"千锤百炼"见真功。它不是用手揉面，而是用松木或柏木杠子排压，经数百回合，压至面光色润为止；然后把面切成小块，分别加入碱面，逐块用木杠转压，使碱面与发酵的面混合均匀；再把面块切成每块约一斤多重的面剂，推擀成直径七寸、厚八分的菊花形圆饼坯，置于上鏊，用稳定的小火烘烤，使饼坯进一步发酵和定型；然后放入中鏊烤；五六分钟后，取出放另一平鏊上，用小火烤。要勤看勤翻勤转，做到"三翻六转"，使锅盔受热均匀。这样做出来的锅盔，其白如雪，无半点黄斑黑迹。这种馍坚硬如石，敲之砰砰有声。据说有一少年，从外婆家携锅盔回家，行至中途，下起鸡蛋大的冰雹，砸死猪羊甚多，少年头顶锅盔，行十里路身无损伤，馍无破裂。此馍虽硬，食之却酥，用刀切开，状如板油，层次分明，没牙的老人也爱吃它，越嚼越有味。20世纪60年代，谢觉哉、郭沫若参观乾陵，品尝了乾县锅盔，连声称赞"乾州锅盔，名不虚传"。乾县人常说"出炉的锅盔没吃头，隔日见五有嚼头"，是说隔几天后，水分越少，馍吃起来越筋味越蹿，香酥可口。它可存月余，不走味。

关中的风味馍饼丰富多彩，品种繁多，除上述具有代表性的一些食品外，还有扶风的

“鹿糕馍”，此馍皮薄色亮，酥脆香甜，味道鲜美，又耐久贮，民间曾广泛流传“岐山的挂面凤翔的酒，扶风的鹿糕京里走”的谚语。兴平的“干馍”小巧玲珑，惹人喜爱，色、香、味、型俱佳。富平“太后饼”外皮焦黄酥脆，内里层次分明，柔软可口，油香不腻，曾是汉文帝之母薄太后爱吃的食品。大荔的“月牙烧饼”颜色金黄，酥香味美，民间从古至今流传着一首民谣：“走南京，到北京，同州府里好烧饼，热吃脆，冷吃酥，咬了一口是空空。”……这些食品都普遍受到中外游客的喜爱和赞赏。

第三节　花样礼馍　艺术瑰宝

一、艺术瑰宝是花馍

面食是关中地域的主要饮食。这种饮食不但赋予了这一地区的人们强悍的体魄和豪爽的性格，而且造就了华夏民族辉煌的历史文化与物质文明，同时也使自身发展成为一种承载着这一区域的民族心智与思想观念的文化形式，从而融入人们的日常生活中。花馍艺术的奇妙之处就是能够将普通的面食演绎成为融美味佳肴、精神寄托与审美追求于一身的审美创造，成为富有浓郁乡土气息的民俗文化大餐。

“花馍”，也叫“礼馍”“面塑”或“捏面花”。它起源于民间祭祀活动中，用面塑动物代替宰杀牛羊的习俗。经过千年的繁衍创新，以其造型饱满、精巧细腻、淳朴敦厚、色彩艳丽的浓郁民俗气息流传至今，是关中地区民间传统艺术文化的一个瑰宝。除了食用外，还具有很强的观赏性。

关中地区民间有个习俗，那就是逢年过节、婚丧嫁娶以及其他节日，都要捏制面塑。花馍，大的气势宏伟，重约10斤；小的精巧玲珑，重约半两几钱，形如豆粒，细若游丝，精致好看，令人叹服。从大年三十到正月十五，乡村中到处可见互送礼馍的欢快场面。关中地区的妇女几乎人人都是制作礼馍的高手，其中年长的妇女技艺尤为高超。这些农妇们捏啥像啥，捏虎像虎，捏猫像猫，所捏之物虽为静物，却有动感，就像活的一样。

花馍和人生礼仪紧密相连，以物言情寄托着人生的喜怒哀乐，随着彼此间礼尚往来，代代传习，积习成俗。在咸阳民间，四时八节走亲访友，婚嫁迎娶表示祝贺，生儿育女以志贺喜，丧葬致哀都离不开花馍。人们将他们的情谊浓缩于小小的花馍之中。农历的春节、元宵节、端午节、重阳节，乡村人几乎家家都要用面粉制作诸如人物、动物、花卉、翎毛、瓜果等花样繁多、技艺精湛的花馍，这些花馍不仅充实了年节气氛，而且增加了浓厚的地方特色。

人们主要通过口传心授、言传身教的方法延续着这一古老的民间艺术，并在传承过程中有所创新。花馍的制作是以手工操作、家庭作坊为主。制作花馍，也是比女红比巧手的方法之一。制作工具很简单，有白面、剪刀、菜刀、梳子、红枣等物，关键是一双巧手。和面、蒸馍的火候都有讲究，只有那些技术高超的人才能蒸出形状好、不变形的花馍。面花的制作工艺十分复杂，任何一个环节上出了问题，都会严重影响质量。磨面要选用上好的小麦，讲究“隔年麦子头箩面”。然后用清水淘净，把湿麦装在口袋里窝几天，让干麦均匀地吸收一点水分，倒出来再细细拣一遍，才能上磨。只取头箩二箩白面，晾干备用。和面也是做面花的一个关键环节。酵大了，馍蒸出来便会裂口；酵小了，蒸出来的馍没棱没角，形象不丰满。而这些，没有测量标准，全凭经验去掌控。只要掌握好发面技术，按照式样进行捏制，那么一个鲜活的面模形象就完成了。

花馍既是一种传统的手工艺品，又具有浓郁的地方特色，人们赋予其内在精神追求。花馍传达着浓郁温馨的人性和对美好生活的向往，传达着久而不衰的地域文化信息，显示着其独特的文化魅力。它既是历史发展的见证，又是珍贵的、具有重要价值的文化资源。

花馍艺术的价值和意义体现在四个方面：

民俗价值。花馍是世代相传的民俗艺术，“礼从宜、事从俗”，民俗活动的需要直接促进了花馍的发展，花馍也被赋予不同的吉祥含义。比如春节的时候，做成“莲花”和“鱼形”的花馍，表示“连年有余”；婚礼上送龙凤、鸳鸯、石榴形状的“喜饽饽”，祝愿新人生活美满、多子多福。孩子满月，外婆家送给孩子十二生肖的面圈，或者“麒麟送子”，祈求“圆满”。关中的乡村很注重花馍，在拜年、贺喜、祝寿、探亲的时候往往带着些“喜庆花糕”（也称花馍），这些造型不同的花糕与不同的民俗相呼应，形成一道亮丽的民俗文化景观。

审美价值。花馍艺术的特点是造型完整饱满，略有夸张，注重神气，色彩艳丽，让人觉得亲切自然。花馍之美，美在其自然的材料、自然的工艺、质朴的心境。它塑造的形象是符合民俗文化心理的，是老百姓喜闻乐见的。

教育价值。花馍绝不仅是个玩赏品，它具有很强的社会教育功能。花馍艺术以其形象传达着一个个动人的故事。人们可以通过孙悟空、猪八戒、白娘子、穆桂英、水浒英雄等形象的花馍给孩子讲述相关的历史故事，从而在潜移默化之间启迪孩子的智慧。

经济价值。花馍一直是一种谋生的行当，但它又属于传统的手工艺，是具有地方特色的文化产品，其价值有独特之处。花馍在普通群众手中开出美丽的花朵。这应该是一种虔诚信仰和喜庆心情的结晶！因此，花馍艺术品总是被赋予更多的内涵。[④]

二、岁时节令行花馍

关中自古以来就号称米粮川，主要农作物为小麦，面粉做成的各种食品供人们日常食用。人们走亲访友、礼节往来都以面粉蒸、烙成的馍为主要礼品，在千家万户之间传送。这馍总称为礼馍，其中最具文化韵味的就是花馍，如正月十二、十六的“镜儿馍”，五月端午的“团儿馍”，九月九的“花狗馍”，做法讲究，做工精细，花样繁多，形状各异，既引人食用，又耐人品味，称得上民间的上乘艺术品。据《陕西省志·民俗志》载：“春节元月祀六畜，戚友相拜，以食互遗。”此风俗世代沿袭至今。

关中域内的花馍，于岁时节令中大约仍保留以下几种形式及礼俗：

1. 春节花馍

民间习俗，春节为大。乡人称过春节叫过年。过年要在祖灵的神主香案上献三牲（猪、牛、羊），或者在自家“祖影”或神牌前，献上精制的礼馍。乡人用自己田地里收回的麦子磨面蒸馍，献给祖灵，与神主共同分享自己的劳动成果，以期保佑与赐福，求得来年的五谷丰登。

春节时，民间的主要亲戚往来，则是正月初女儿给娘家父母拜年；正月十五前，娘家父母（或舅舅）给外孙或出嫁了的女儿“追节”送灯。按照关中地域的风俗，拜年要送油面包子，就是用热的菜油去拌加了葱花、盐的面粉为馅，也有用糖拌面粉为馅的，然后包成带扭嘴儿的本色包子。乡间父母尤其讲究，过年能吃上女儿送来的油面包子，便心里热乎乎的，谓之有福气。这样的油面包子，并不是要在春节期间吃完，父母可用绳子把余下的穿起来挂在墙上风干。

正月十六日，当年结婚的男方家要去女方家接回新媳妇，女方父母要送已结婚的女儿回婆家。男方称此为"接新媳妇"，要举办丰盛的宴席。女方称此为"送十六"，要带上镜儿馍与一对大红灯笼。镜儿馍要送十六个（有的是十二个或十个），一个镜儿馍用面约一斤，其做法是：和面起面后，先做圆锥体的大馍，再做三个或五个直径六七厘米的薄圆面饼，周围剪成花边，叫"花盖"；再用面捏小鸟小鱼，分开放在笼里蒸熟；然后用短细的小棍把花盖插在大馍顶，又在花盖中心插上小鸟或小鱼，有的还在花盖中心镶上红枣。有些地方做圆锥体的大馍时，馍底八个是实的，八个是空的。其含义是说世上的事一半是实，一半是空。馍底空的还要放进枣、葱、蒜，寓意早生贵子、聪明、能掐会算。

正月十二送镜儿馍是给一两岁的外孙送，一般是十二个，一个馍只插一个花盖，且花盖是四方形，一个角还要折压在花盖中心，周围用洗净的木梳扎出花纹，还要在馍体一边的中间捏一个向外伸出的小嘴嘴，象征着男娃的"小牛牛"。镜儿馍要摆放在大木盘上，用织好的新花包袱包着，风风光光地送到女儿家。

二月二"龙""蛇"花馍，象征好运初开，龙蛇争腾，民生天和。"二月二龙抬头，大圈（即藏粮囤儿）尖，小圈流。幸福的日子不断头！"这句民谣，祈祷风调雨顺、国泰民安。

2. 端午礼馍

端午节是消毒辟邪、祈福度夏的节日。端午前后，人们除了吃粽子、做香包，民间还有"花馍（面花）往来"的民俗，尤其在关中地区，讲究"拿的烟酒礼品档次再高，不抵一块馍疙瘩"。因为烟酒是花钱买的，而花馍则是花心思亲手捏的，饱含着浓浓的情意。所以，俗语说"走亲访友，只带烟酒，不带花馍，礼节没到"。在关中一些地区，端午节前后，送花馍的民俗十分兴盛，且大有讲究。

送时节：青年男女新婚第一个端午节前后，女方娘家人一定要蒸上花馍，去给出嫁的闺女送时节——小花馍至少100个，多则300个，并配有1对老虎、1对胖娃娃、1对鸡或羊或鱼花馍，加上时令瓜果和过夏用具，如凉席、扇子等。老虎馍，有招财进宝、祈福镇宅、趋利避害、生龙活虎之寓意；胖娃娃馍，是期盼闺女早生虎头虎脑、白白胖胖的儿子，延续血脉香火；鸡、羊、鱼花馍，预祝女儿女婿日子过得吉祥富裕、美满幸福、万事如意。

熬娘家：端午时节“麦梢黄，女看娘”。女儿须带上花馍礼品去看爹娘。新婚的在端午节前，已结婚的在节后，一般要在娘家住几天，俗称“熬娘家”。新婚后有孩子的要住一个月，叫“熬满月”。不论哪一种情况，花馍礼品大同小异，一般带6个包子（元宝馍）、4个馍，以示孝敬父母，感谢养育之恩；再带配馍的花糕、鸡、羊、云云馍，象征日子步步登高、吉祥如意；1对马蹄馍，表示亲戚从此礼尚往来，走动频繁。若在娘家熬满月的，还必须增加1对老虎馍，是向孩子的姥姥、姥爷、舅、姨汇报孩子茁壮健康、生龙活虎之意。月满返回时，外婆要蒸一锅形象生动的“獾娃馍”送给外孙。乡人给外孙送“獾娃馍”几乎是关中域内一种普遍的民俗风气。所谓“獾娃馍”，是指蒸的馍要做成几种小动物的形状，有青蛙、蝎子、蛇、小鸟、鱼等，形象逼真，惹人喜爱。这意味着孩子吃了这些，就能在炎热的季节避五毒，保平安。还要送曲连馍，周围捏成锯齿形的花边，孩子可以戴在手腕上，一边吃一边玩。这曲连馍寓意着把孩子圈住，保佑其健康成长。

串忙罢：端午后，关中地区的麦子基本收完了，借着短暂的空闲，带着丰收的喜悦，亲戚间互相走动，论家常，看收成，商议种秋管秋之事。人们串忙罢所带的花馍必须是用新麦磨的上等面做成的，一般有花边馄饨、包子（元宝馍）、马蹄、莲花卷、油旋、茴香轱辘，数量多少根据关系亲疏而定。客人来串门时，主家要摆农家宴席，既简单又周全，除了酒肉，必备鸡蛋炒时鲜青菜和臊子面，寓意吉庆有余、四时发财、福寿绵长。

3. 重阳礼馍

九月九重阳，乡人借“九月登高”之意，化“高”为“糕”，要给女儿家送“花糕”。九月糕蒸得并不大，一般如碗口大小，却必须做三层。每层中间都夹着红枣，显得丰硕、饱满、诱人。吃时无论从哪个角度用刀切下去，皆层层可见红枣。

另外九月九的花狗馍是娘家送给刚结婚的女儿的。若三年内女儿未生孩子，就连送三年。生外孙后也得连送三年。蒸花狗馍要用一斗（30斤左右）面粉，先做成一个高1.5尺，底直径1.5尺的圆锥体；蒸好大馍后，接着就用面团捏制活灵活现的小狗、龙、凤、鸡、鱼、莲花、小鸟、小虫、花盖、食盆等，分开放在笼里蒸好，插在大馍体的周围。小狗与食盆插在馍的顶端，龙凤附在两边，其他根据想象插在馍体周围。其说法是小狗看家、龙凤吉祥、吉庆有余、莲花生子、鱼儿钻莲等。花狗馍要放在大木盘上，用新花单子包着，放在大竹背篓里背送。现在都用自行车、三轮车、机动农用车或汽车送。⑤

关中花馍制作手法细腻精巧，配以鲜艳花色，千姿百态，绘形融情，生活气息浓郁。关中花馍作为关中地域独特的民俗文化，深受广大游客的喜爱。现已成为三秦大地重要的旅游产品之一。

三、人生礼仪重花馍

东汉许慎《说文解字》云："礼，履也。"意思是说，礼只有付诸实践，才具有鲜活的生命力。尽管，随着今天社会发展和生活方式的转变，植根于农耕文明中的一些民俗礼数（如行礼馍）已渐消亡，但寓于这种习俗吃食中"礼敬天地""敬畏自然"的朴素思想，抑或对美好人生与生命健康的祈愿，以及流布其间的醇厚民风、温暖人情，还是令人感动和追怀不已的！

对于人生礼仪，花馍更是重要而本色的礼物和象征。

婚俗礼馍，涉及男、女双方。女儿结婚，娘家必送"莲花馍"12个。莲在中国民俗中有"连生贵子""夫妻和谐"多种象征含义，是古老的生殖崇拜与宗法社会的多子多福观念在民间的杂糅共生。男方迎娶时带的礼馍则是12个白面馒头。女方按规矩只留一半，并要回添一些小馒头，以为回礼。但这些大小馒头并不带回去。在迎亲回归的路上，有的喂了驾车的牲口，有的则撒给田野的鸟雀或其他生物。这种习俗，既是让众生分享喜气、吉祥，也是民间打煞驱邪心理的体现，唯恐途中沾染秽气。婚礼上的"虎头花馍"，金枝摇曳，似动欲静，活像一顶凤冠，花鸟虫鱼全在其间。这象征五谷丰登，祥和美满，日后夫妻忠实勤恳，白头偕老。两枚核桃嵌虎眼，两只红枣贴耳边，使虎头花馍活灵活现，预示儿女满堂，寿比南山。民间童谣道："一对核桃一对枣，大的拉着小的跑，一串红枣一串钱，大的拉着小的玩。"这足见百姓对传宗接代的渴望和对美好生活的强烈追求。

女儿怀孕生子，亦是民间礼俗中的大事。女儿生产前的月初或月过半时，娘家必蒸与女儿年岁同数的小油包子送去看望，谓之"催月馍"或"催月包子"。表面是送给女儿的，其实是送给未出生的小外孙的，希望他赶快来到世间享用，这是一种民间意趣，浪漫而温馨。

婴儿满月这天，舅家要送婴儿"牛曲联馍"祝贺。所谓"牛曲联馍"，实则是牛轭头的变形。农耕社会，对耕牛与力量有本能的崇拜，馍的形状是一个大圆圈套住一个小圆圈，中间再放一个小馍。舅家送去的则是一个特大的，还要抱婴儿从当中钻过去。送牛曲联馍，是祝愿婴儿长大后生活美满、诸事如意。让婴儿钻过，是祝愿婴儿平安渡过重重险关，顺利、健康地成长。

产妇出月子后，要带上婴儿回娘家住一段时间，叫作“熬满月”，俗称“挪窝”。“熬娘家”的乡俗是：生男，由女婿送；生女，由娘家接。熬完娘家，外婆要蒸一个直径三四十厘米的“曲联馍”，用包袱包好，放在大方盘内，和孩子一起送回婆家，名为“滚路曲联”。意思是祝愿婴儿一路平安，无灾无病。

关中民间生子多有“撞道”的习俗，即孩子满月当天，必须在襁褓上边藏一只印红点的馒头，抱出门去“撞道”。“撞道”有相应的礼节。撞见的第一个人给孩子什么样的礼物皆可，而包在孩子身上的那一只带红点的花馍却要回赠给他。一个新生命馈赠给世间的第一份礼品，居然就是花馍，可见其难以估量的价值。还有与花馍相关的这样一首古老的儿歌：

蛋蛋馍打红点儿
媳妇来了坐烧炕儿
她婆高兴得挤挤眼儿
掬了一掬核桃枣儿
吃核桃生娃子
吃花生生女子
吃枣儿早抱宝贝蛋儿

无论是打上红点的“蛋蛋馍”，还是核桃、花生、枣儿，显然在关中人的心里都具有象征意味。

民间拜寿所送花馍，多有“福、禄、寿”三星、“鹤鹿同春”“麻姑拜寿”“五女献寿”等品种。常见的图案有植物、花鸟、果品等，如莲花、牡丹、梅花、葡萄、葫芦、艾叶、佛手、喜鹊、蝴蝶、石榴、核桃、枣等祥瑞之物。寿糕寓意长辈吉祥如意，健康长寿，展现儿女对长辈的孝敬之心。

花馍艺术在以农耕文化为背景的世俗生活中，无处不在，无处不有。花馍既是食品，又是礼品，更是艺术品。花馍是关中人对人情的牵念，对生命的祝福，对丰收的祈愿，对生活的乐观，对往日美好回忆……⑥

注释

①参见韩养民、齐湘潼主编:《中国社会生活丛书·饮食篇》,三秦出版社,1999。

②参见唐群:《秦都咸阳遗存文化研究》,陕西人民出版社,2013。

③参见陕西省地方志编纂委员会编:《陕西省志·民俗志》,三秦出版社,2000。

④参见王明德、王子辉:《中国风俗丛书·中国古代饮食》,陕西人民出版社,1988。

⑤参见韩养民、郭文兴:《中国古代节日风俗》,陕西人民出版社,2002。

⑥参见唐群:《关中礼仪》,西安交通大学出版社,2015。

第五章　关中方言　母语基础

一个地域的方言，代表着这个地域的历史，显示着这个地域的风俗，表现着居住者的一种个性。只有读懂了这个地域的方言，才能说读懂了这个地方。

中国，地大物博，人口众多，其方言是纷纭多彩的。但由于人们交际的需要，历史上人们所运用的雅言（官话），以京畿地区的语言（方言）最多、最广。正因如此，作为周、秦、汉、唐等13个王朝京畿之地的关中地域的关中方言，就必然有其重要而特殊的地位和意义。

其一，关中方言，是中国古代汉语中最古老、最流行的“官话”和“雅言”。它对中国历代文化的继承和发展，起着贮存、保护、衍化、推广以及促使整个汉语融合发展的积极作用，是有着奠基、催化、原发性、动力性意义的方言。

其二，关中方言，是中国古汉语（含语音、词汇、语法）贮存量最多、最广和历史积淀最深的方言。因此，可以说是对中国文化遗产保护贡献最大的方言。

其三，关中方言，从词汇、语音（尤其是声调）萌发的戏曲、歌谣、说唱等演唱艺术来看，是对中国演唱艺术最有影响力的方言。

所以说关中方言是中国汉语的母语基础。

第一节　关中方言　交际工具

一、关中土话是雅言

“秦中自古帝王都”，关中八方辐辏，人文荟萃，作为交流思想感情的语言，相应地有了充分的发展与应用，时至今日，关中地区的方言词语，古朴典雅者多，灵活多变者亦不少。

1. 底气十足嗓门大

有外地人说，关中人说话“粗听像吵架，细听是聊天”。此言委实不虚。

关中人说起话来，底气十足，高喉咙，大嗓门，加之关中方言咬字重，多去声，转音多，说起来掷地有声。这在外人听起来的确如吼一样。君不见秦腔戏剧舞台上，拼命般地吼叫，就是关中人说话时传神的写照。唱秦腔，用的是真音，其特点是高昂激越、强烈急促。尤其是花脸的演唱，更是扯开嗓子大声吼，吼得脸红脖子粗，当地人称之为“挣破颡（sá，头）”。这听起来才“过瘾”“解馋”“嫽得太（非常好的意思）”。

关中人嗓门大在唐宋时已闻名天下。当年苏学士以诗会友，问曰：“我与柳永何人词佳？”人对曰：“唱苏词需寻来八尺关西大汉，手持铁板唱‘大江东去’，唱柳词则要请二八佳人持象牙板唱‘小桥流水’。”东坡闻之拊掌大笑。可见自宋代，关西汉子就以其雄健俊伟、充满阳刚之气而著称于世。

无论在城市还是乡村，关中人大多说话直来直去，在外人看来比较冲，有时甚至言语生硬，出人意料，噎得人半天回不过神来。不像江浙一带的南方人，说话婉转悦耳；也不像北京人幽默风趣。

关中人做生意不漫天要价、就地还价，最烦讨价还价，不少商店里挂着“免开尊口，概不还价”“一口价”的告示。近年这种状况虽有改观，但言语生硬的现象依然时有所见。

2. 似土实雅关中话

在外地人看来，关中人说话还有些土。

这主要是比较拙朴的关中人说起普通话，大多比较拗口，正如当地人自嘲的是“醋熘普通话”。

还有一个原因，则是因为关中话比较古雅。这正如著名作家王安忆在一篇文章中写的：“这话好听，是北音，可却柔极了，字与字之间，有舒缓的拖腔，用字又那么斯文。”

相传汉字为“文字初祖”仓颉所创造。仓颉生于五帝时期，距今已有4000多年的历史。关中话在数千年的传承中，字音和用词形式差别并不大，集中表现了关西方言特色。关中方言古称“关西秦声”，在陕西及周边省份流行，是陕西方言的代名词。

遥想在漫长的秦汉及隋唐时期，古朴的关西秦声，曾在历史上作为官方通用语言被长期推广和普及，成为国人间语言交流的通用工具。

自建都关中的西周开始，关中方言被称为“雅言”。《诗谱》载：“商王不风不雅，而雅者放自周。”《论语》记载孔子教子时说：“子所雅言：诗、书、执礼皆雅言也。”《论语·释雅言》曰：“夫子诵诗、读书、执礼，必正言其音。”可见周朝雅言作为国家标准语言，已远及山东等地。西周王朝全面普及雅言，在《礼记·王制》中有重要记述：“……五方之民，言语不通，嗜欲不同，达其志，通其欲。”为此，西周王朝定期召集各诸侯国雅语推广人员，进行语言文字规范和语音训练，统一通用文字和发音标准，以“达其志，通其欲”。

关西秦声，在古代之所以被称作雅言并作为国语使用，除了王朝一统天下的必然需要，还因其语调发音有高雅、文雅、风雅、清雅、幽雅等大雅脱俗之义，娓娓道来圆润清丽，美妙悦耳，理应成为国家正音。学说秦声雅言成为当时附庸风雅之风尚。

如今的关中方言中，依然保留了许多古代汉语的词汇。

关中方言，至今把裤子仍然称为“服”，这就是个典型的古代用法。在古汉语中，衣指的是上衣，服指的是下衣，即现在的裤子。

“嫽得太”的嫽（liáo），是古字，说女孩美貌、聪明的意思。《诗经·陈风·月出》之“佼人嫽兮”，即美人多漂亮啊。后来这个字义有了转化，是“美好”的意思。西汉时扬雄的《方言》中说的嫽，就是好的意思。

“倭也”是关中人日常爱说的一个方言词语。它的含义很多，既指人漂亮、娇美，也指事情办妥当，还指心情舒畅。宋代人编的《文韵》中说的“倭，顺貌”，即是平顺的样子。

“乡党”一词，要从古代的民户编制说起。“乡”和“党”，都是我国古代的民户编制。据东汉班固撰写的《汉书》记载：“五家为邻，五邻为里，四里为族，五族为党，五党为州，五州为乡。”换句话来说，五百户为党，一万二千五百户为乡。“乡”“党”二字连用，指乡里，也就是同乡人。随着时代的推移，这样的农村行政区域单位不再使用，但“乡党”这一称呼却沿用了下来。

“失鬼”一词，就来自古代的“饰诡”。东汉许慎的《说文解字》里就解释为“诡，变也”。《孙子兵法》曰：“兵者，诡道也。”关中人用“失鬼倒棒槌”来形容一些搞歪门邪道的人。

关中男人，常把已婚妇人叫“屋里人”。其渊源虽无从考证，但在很大程度上与劳动分工、“男耕女织”的出现有关。过去的农家，男人在田间劳作，妇女在家纺线织布，内外分明，各忙其事。久而久之，便有了把男人叫作“外头人”，把女人叫“屋里人”的称谓。《红楼梦》九十回有：“薛蝌想：‘……然而到底是哥哥的屋里人。’”第一百二十回有：“袭人想：‘……其实我究竟没有在老爷太太跟前回明就算了你的屋里人。’”其含义与关中方言里指的已婚妇女的含义大致相近。

“木讷”一词可以追溯到先秦时期儒家文献《论语》，《论语·子路》篇云：“子曰：刚、毅、木、讷，近仁。”《论语·里仁》篇又说：“君子欲讷于言而敏于行。”这就是告诉人们一定要做事勤快，而谨慎说话。作为人的品性，木讷表达的是朴实敦厚，是一种美德。

再如“毕了”，指完了的意思，同样来自古语。杜牧的《阿房宫赋》中首句“六王毕，四海一”，就有“毕”这个字。

喝汤（喝水），并非土话，乃文词也。关中人现在还这样说。汤即热水也。临潼华清池有个“九龙汤”（地热洗澡池），便是此义。

关中人至今把太阳叫“日头”，天旱叫“天干”，说话叫“言传”，吃饭叫“咥（dié）”，合适叫“谄”，差一点儿叫“玄乎”，抽时间叫“刁空”。关中西府一带将“猪”叫“彘”。这些都是很古老的语言！

关中方言的词汇还有许多用法是从古代传下来的。如关中人说的“肉夹馍”一词，实际上是馍加肉，用现代汉语无法解释得通，但在古汉语中却十分普遍，是一个省略介词的倒装结构。还有关中话中疑问句的发问方式是将疑问助词“得是得”放在句末。日语中的许多疑问句发问方式和助词都与关中方言基本相同（日语中用“得是嘎”）。

在关中农村，时常可以碰见大字不识几个的乡下农人从嘴里吐出带着满满泥土气息、类似“木讷”之类的词句，而外来人一般不知所云。其实，仔细探究，这些或许都是一些雅言古语。因为，关中地区的悠久历史与璀璨文化，不仅仅表现为地面或地下留存的大量古代遗迹和器物，也在人们的方言土话中有所体现。

我们国家地域辽阔，所谓一方水土养一方人，每个地方都有特定的语言习惯。我们不仅要推广普通话，也要了解各地丰富多彩的方言，因为其对于了解中华民族古老而灿烂的文明和博大精深的语言大有裨益。①

二、幽默滑稽善戏谑

关中人说话，极其形象、生动、幽默。仅一个字，就衍生出了许多词：

“眼”：

好看叫顺眼，讨厌叫训眼，
麻烦叫麻眼，难看叫伤眼，
不讨人爱叫白眼，钩心斗角叫玩心眼，
脾气暴躁叫毛眼，死不认账叫瞪白眼，
束手无策叫干瞪眼，事情乱叫没眉眼，
另眼看叫翻白眼，盼人穷叫害红眼，
向上看叫势利眼，有点子有办法叫有板眼，
心胸窄气量小叫小心眼。

“手”：

熟练叫老手，帮忙叫搭手，
紧俏叫抢手，出售叫脱手，
小偷小摸叫三只手，谨慎肯干叫挖抓手。

“脚”：

上坡叫爬脚，下坡叫送脚，
走路叫拐脚，岔路叫撇脚，
不穿鞋袜叫精脚，能干重活叫力脚。

“气”：

发怒叫着气，遇到坏事叫晦气，
自大叫傲气，痴呆叫二气，
排场叫阔气，刻薄叫贪气，
挨整叫受气，胡搅叫邪气，
扭捏叫妖气，努力向上叫争气，
老人康健叫福气，心灵手巧叫灵气，
痴头笨脑叫木气，办事漂亮叫美气，

遇到好事叫运气，慷慨大方叫爽气，
穿戴时髦叫洋气，正直无私叫硬气。

用十二属相形容人：

奸得跟老鼠一样，犟得跟牛犊一样，
凶得跟老虎一样，跑得跟兔子一样，
大得跟飞龙一样，毒得跟蛇蝎一样，
欢得跟马驹一样，绵得跟羊娃一样，
灵得跟猴子一样，红得跟鸡冠一样，
笨得跟猪脑一样，轻得跟狗尾一样。

用地理名词形容人：
“山”：

骄傲自满叫张山，耍半吊子叫争山，
爱吹大话叫撂山，行动轻浮叫飘山。

“水”：

掏腰包出钱叫出水，
谋取非法所得叫捞油水，
太啰唆叫浆水，
找不见叫落水。

用数字形容懒汉、无赖通常用：

二溜子、二混子、二痞子、二赖子、二毛子等。

用数字形容精神或思维不正常的人通常用：

二蛋子、二愣子、二杆子、二糊子、二不拉子、二货子、二荐子、二尚子、二八卦子等。

用定语形容人：

活泼好动的人猴的，心眼很多的人鬼的，

穿戴时兴的人飘的，思想迟钝的人闷的，
干活偷懒的人精的，甩膀大干的人实的，
逢迎献媚的人轻的，不听忠告的人瓷的，
意气风发的人兴的，风面卖乖的人滑的，
有本事的人能的，汉有耐的人肉的，
爱逞能的人奔的，长得太聪明的人蛮的。

用名词形容：

如“太”：

称心如意叫谄得太，不讲道理叫蛮得太，
穿戴时髦叫洋得太，做事狂妄叫张得太，
官运亨通叫红得太，巴结献媚叫轻得太，
多才多艺叫能得太，聪明伶俐叫精得太，
调皮捣蛋叫瞎得太，寡言无语叫瓷得太。

“太太”，重叠加重语气：

党的改革开放政策好得太太，我这蒜苗嫩得太太。

在“人”字前加形容词：

跟人能合得来的人叫嫽人，
偷摸拐骗的人叫瞎人，
八面玲珑四方讨好的人叫滑人，
待人冷冰脑子迟钝的人叫痴人，
脾气古怪忽冷忽热的人叫怪人，
明知死胡同偏要硬闯的人叫犟人，
一学就会干啥像啥的人叫能人。

同义不同字类：

不和叫不卯，干扰叫打搅，
发痒叫害咬，适合叫刚好，
断绝叫拉倒，马虎叫毛草，

矮人叫矬子，胖人叫圆伟，
瘦人叫干猴，不行叫失气，
笛子叫篾管，胡琴叫弦弦，
小锣叫当当，梆子叫咣咣，
铙钹叫镲镲，唢呐叫喇叭，
烧饼叫饦饦，干面叫粘面，
糊糊叫搅团，馒头叫蒸馍，
外出散步叫转转，向别人表功叫摆亏欠，
嫌弃讨厌叫走远，无关紧要叫挂不上串，
左顾右看叫卖脸，挑剔毛病叫弹嫌，
办事周密叫严攒，脾气暴躁叫脏板，
不多不少叫刚谄，歪曲事实叫胡粘，
调皮淘气叫捣蛋，大声哭嚎叫叫唤，
骂人隐私叫揭短，背后告人叫干板。

一个“娃”字几多趣谈：

妇女怀孕叫害娃，生孩子叫拾娃，
生男孩叫牛牛娃，生女孩叫女子娃，
未满月叫月儿娃，已满月叫出月娃，
刚出生叫毛毛娃，穿开裆裤叫精尻子娃，
自己的孩子称我娃，别人孩子叫人家娃，
小孩身体好叫胖娃娃，长得瘦弱叫缺娃娃，
长得慢叫疙瘩娃，不爱洗脸叫垢痂娃，
上学之前叫碎娃，进了学校叫学生娃，
女孩长得漂亮叫蛮娃，男孩长得帅气叫标致娃，
聪明机智叫灵醒娃，脾气暴躁叫歪娃，
有本事的叫能成娃，没有本事的是怂娃，
孩子间相互追逐叫狗撵娃，玩的游戏称狼吃娃，
尊敬老人是孝顺娃，通情达理为懂事娃，
大人打孩子叫捶娃，责备孩子叫拾掇娃，
长大了不学好叫瞎娃，手脚不干净叫贼娃，
办事欠妥当叫瓜娃，办事冒失叫愣娃，
做事太实在叫笨娃，办事速度慢叫蔫娃。

总之离不开一个“娃”字。

百年以来，随着外商和传教士的进入，“洋”字出现在中国人的词汇里。在关中地区凡是舶来品或者用机器制造的物品，都被冠以“洋”字。如：

面粉叫洋面，火柴叫洋火，
蜡烛叫洋蜡，肥皂叫洋碱，
煤油叫洋油，鸦片叫洋烟，
土豆叫洋芋，番茄叫洋柿子，
时髦叫洋来，搞笑叫洋相，
机织布叫洋布，水果糖叫洋糖。

就这样，“洋”字被关中人无形中纳入了自己的语言体系。

关中人的方言中，含有极强的自我戏谑和自我贬抑的成分。关中人往往能够以非常轻松、极其刻薄的方式嘲弄、戏耍现实中的自我，他们可以把自己的姿态摆得非常低，进而反衬出某些故作姿态的人的可笑。

第二节　方言俗语　地域风俗

一、通俗易懂的方言俗语

“三天不打上房揭瓦”“拔出萝卜带出泥”“白吃枣还嫌核大”“虱多不咬，账多不愁”“狗皮袜子没反正”“狗掀门帘子光凭嘴呢”“一个萝卜两头切”“马槽里出了个驴嘴”“剃头洗脚胜过吃药”“铁冷了打不得，话冷了说不得”“人闲生邪事，驴闲啃槽帮”“要得公道，打个颠倒”“肚里没冷病，不怕吃西瓜”“隔手的黄金不如到手的铜”“龙生一子顶乾坤，猪下一窝拱墙根”……这些都是关中方言俗语，通俗易懂、朗朗上口，哲理性非常强。

方言俗语，是一个地域民众的思维结晶，透过浅显易懂、甚至粗俗的话语来表达深刻的道理。关中方言俗语形成于浩荡的历史长河中，从西周建都镐京开始，关中方言就被称为雅言，体现着关中地区语言发展的历史，有着独特的风俗人情和语言魅力。

1. 生产、生活类俗语

“撕不长扽不展”：“扽”音dèn，但在关中地区读dùn，形容人做事情犹豫，优柔寡断。在关中地区涉及“扽”的俗语还有“胡拉单子乱扽被”，意为话说得很多，但说不到点子上，有胡扯、胡说的含义。

“两眼一黪黑”：“黪”指没文化的人。如：“我啥都不懂，两眼黪黑，吃了没文化的亏！”

“豇豆一行，茄子一行”：关中人在长期的生产劳动中总结了很多气候规律，干农活时要根据节气合理适时地耕作，从而提高土地的肥力，让作物增产。现在，这句话引申为做事情要井然有序，按照规律办事，就事论事，不胡搅蛮缠。

“财东家惯骡马，穷汉家惯娃娃”：这是关中平原上特别常见的一句话，体现了贫富差距，以及穷人家对孩子的教育方法与态度。

“三跪九叩首都过去了，就差最后这一哆嗦”：形容一个人做事情经历了许多坎坷，到了最后的紧要关头却有了放弃的想法。

“趄是行行，顺是样样”：关中地区种植小麦、玉米等粮食作物时讲究规范，能够做到横竖纵横齐整。如今引申为做事情要井然有序，有模有样。

“挂面调盐，有言在先”：言即盐，这是一句采用了谐音字来表达含义的关中俗语，意思是不论说话做事情都要提前说明，当面说清。陈忠实先生在《白鹿原》中写道：“不结亲是两家，结了亲是一家。我这人话短言缺又不会拐弯，日后咱们无论谁和谁有啥成见，都当面讲清，不许窝在肚里，我是挂面调盐，有言（盐）在先。”

“推磨绕圈子”：指说话做事情与驴拉磨转圈一样，一圈一圈绕，不能直奔主题，与成语“转弯抹角”的意思相近。如：“这么重要的事情却像驴推磨绕圈子，不说重点，肯定是在日弄（耍弄）你哩！”

“得风扬碌碡”：“碌碡”方言音为（lòu zoú），又叫“辘轴”，是关中地区一种用石头铸成的农具。小麦收割晒干后，用辘轴来碾压小麦使其脱壳。一般来说重的辘轴是不可能拿起来的，“得风扬碌碡”比喻人善于利用优势来做事情，借用有利条件来完成。

“打到的媳妇揉到的面”：字面的意思是好媳妇、乖巧的媳妇是丈夫用武力打出来的，而有韧性、筋道的面是经过多次揉搓而成的。关中地区主产小麦，面食在关中人心中的地位是十分崇高的，筋道的面食肯定是经过和面、醒面、多次揉搓而形成的。此话指不论干什么事情，只有经过多次的磨炼才能取得期望的成功。而如今关中地区年轻人只注重前半句表面意思，而没有真正领悟其内涵。

“从小卖蒸馍，啥事都经过”：关中几乎家家天天都要吃蒸馍。卖蒸馍的走家串户，当然见多识广。

“乾州三大宝——锅盔、挂面、豆腐脑”：这是流行于咸阳乾县的一句俗语，带有地域特色。

“蓝田的老爷——马卡”：这是流行于关中蓝田县的俗语。“马卡”指人糊涂，头脑不清楚。相传蓝田县的一个村子里两兄弟在爹娘去世后，为一个碾场的碌碡而闹到县衙，县衙老爷升堂办案，对两兄弟说：“堂下之人不要吵闹，听本老爷给你断案。”然后命衙役们拿来锤和錾给两兄弟一人分一半，兄弟俩不愿意，就小声说道：“这老爷断案太马卡。”县老爷没听懂，就问旁边人，旁边人怕引来杀身之祸，便说：“马卡就是好的意思。”久而久之，便有了“蓝田的老爷——马卡”的俗语。虽然只是笑谈，但也可以看出关中人的幽默风趣。此俗语至今仍流传。

“满肚子的花蝴蝶飞不出来”：这是采用了借代的手法，用颜色艳丽的花蝴蝶来指代性格内向却有真才实学的人，因不善表达内心的想法导致自己的能力不能展现出来。

“吃了五花想六花”：比喻人们的欲望越来越大，永远不知道满足，得寸进尺。

“灌洋米汤”：关中惯用语，与“迷魂汤”的意思相近，指使用花言巧语或假行为使别人信服，按照自己的意愿办事。

“失鬼倒棒槌”：指欺骗别人，在背地里做手脚。“失鬼”与古语“饰诡”的含义相近，“鬼”和“诡”同音。

“跟当官的做娘子，跟杀猪的翻肠子”：关中地区的一句俗语，指嫁鸡随鸡嫁狗随狗，也指入乡随俗。

“一头子蹬脱，一头子抹脱”：抹读音mā。形容利益心太重两方面都没抓住，什么都没得到。关中人以前使用扁担，扁担两头挂东西，如果两边不一样重就挂不住甚至使人摔倒，因此指做事情要抓住中心。

2. 称谓、情绪类俗语

“一瓶子不响，半瓶子咣当”：这句俗语是指人没真本事，却喜欢在人前卖弄。瓶子装满水时用力摇晃不会发出大的声音，但晃动只有半瓶水的瓶子时，会发出很大的声音。

“红五疙瘩六”：对不务正业的人贬义的称呼，来源于关中的老年人喜欢玩的纸牌游戏，这种纸牌简单好操作，五和六是牌中最小的数，因此一般人都不喜欢拿，被誉为绊脚石，后来就演变为对不务正业、游手好闲人的形容词。

“叵烦”：形容人不耐烦，心情低落，提不起兴致做任何事情。

“天下老鸹一般黑”：对关系密切，有共同喜好的一类人的称呼。关中把乌鸦称作“老鸹”，认为乌鸦叫是不吉利事情发生前的征兆。这只是关中人对乌鸦的偏见，其实乌鸦在某种程度上是属于益鸟的。

“老鸹撒”：关中一种面食的俗称。把面和成稠状，然后用筷子夹成核桃大小，放入锅中煮熟后，把事先做好的菜倒入即可。因做好的形状和乌鸦的头相似而得名。

“阿辈子哥”：又称作“阿伯子哥”，指妻子对丈夫的哥哥或弟弟的称呼。

“麦客”：这是对进入关中流动的替别人割麦子的人的统称。麦客大多来自宁夏、甘肃和陕南的偏僻地区，每年五月下旬，成千上万的人涌入关中平原，替别人收割麦子换取家用，边割边退，最后返回家乡。

“木犊娃”：也写作“哞犊娃”，是关中人对刚出生的婴儿的统称。“哞”是牛的叫声，“犊”指小牛。一般认为牛生命力旺盛，因此用“木犊娃”来祈祷婴儿能平安长大。

“蔫萝卜遇见了利插子”：“蔫萝卜”指做事不干脆的人；“利插子”是关中地区的一种锋利的削东西的工具，指做事利索的人。

“攋撒鬼”：关中人把垃圾称“攋撒”，因此用“攋撒鬼”指不讲卫生，不修边幅且衣冠不整的人。

“耍娃子”：指年龄小，没有长大的小孩，或左邻右舍都喜欢的孩子。

“娃他大大”：关中人把父亲称为“大”，也写作“达”或“爹”。“大”本来不是指亲属的称谓。在关中旧习俗中，妇女地位低下且夫妻之间不能直呼姓名，否则就违反了规矩，因此夫妻间就互称“娃他大”与“娃他妈”。

“崽娃子”：对淘气的小孩的统称，也可以看作是关中人对孩子的溺称，也有骂人的含义，如：“你个碎崽娃子，整天就知道闯祸。”

“打狗支桌子，吆鸡关后门”：旧时的关中妇女从事繁杂琐碎的家务，因此会产生不耐烦的情绪，在这里形容因为做事情不如意而情绪烦躁。

“摔碟子掸碗”：指发泄不满的情绪或形容有的人不大度，喜欢让别人看脸色。“摔”在关中音为fēi或shuī。有的人心情烦躁时便会扔碟子摔碗来发泄自己的情绪。

“木乱得很”：也作“瞀乱”，“木”关中人读作mú。指人没缘由地不开心，心中烦乱、烦躁。

“秋后的蚂蚱——还能蹦跶几天”：立秋之后天气开始转凉，蚂蚱的寿命也就快结束了。关中俗语指寿命快结束或事情快完结，特指坏人的好日子快到头了或时限到了。

“说的头绽话，做的把绽事”：对说好话不干好事情的人的统称，也指不履行自己诺言的人。

“没处掀抓”：“掀”音为wā。意思是高的地方没有什么可以倚扶，现在引申为到陌生的地方因没有可依靠的人而手足无措，或者形容因失去什么心里难过，无处倾诉。

“嘴噘得能栓毛驴”：运用比喻的手法表达人的心情不好，直接表现在了脸上。

“熬煎”：东汉许慎《说文解字》：“熬，干煎也。”“熬”，火字底，用火来烧。“熬煎”形容人焦急，对所有事都担心，心中承受的压力大。如《红楼梦》：“如今贾琏在外熬煎，往日也曾见过这媳妇，失过魂魄，只是内惧娇妻，外惧娈宠，不曾下得手。”

“不对火”：是指人的情绪易激动暴躁，心中有怒气或事态发展很糟，人的身体状况每况愈下。“火”，比喻人激动，愤怒。

3. 时间、季节类俗语

“二月二，龙抬头”：二月二指每年的农历二月初二，相传是休眠了整个冬天的龙要结束冬眠起身抬头的日子，是关中地区一个有传统意义的日子。二月二前后就是二十四节气中的惊蛰，天气逐渐回暖，万物复苏，而冬眠了一个冬天的动物也苏醒觅食。因龙地位高，因此这一天被称为“龙抬头”。这一天关中地区的人会做棋豆这种食物，剪头发，象征新的开始，祈祷人一整年都有福气好运。

“清明前后，种瓜种豆”：清明是中国二十四节气之一，一般在公历的4月5日，天气转暖，雨水增多，适合种植蔬菜，适合作物生长。这个节气反映出人们是根据经验来春耕秋种的。

“二八月，乱穿衣”：阴历的二月和八月，人们会乱穿衣服。这句俗语是人们在生活中根据天气时令的变化而总结出的常用俗语。

“冬走十日不明，夏走十里不黑”：指关中地区冬天时夜长昼短，而夏天时夜短昼长的现象。这是人们根据太阳直射点的移动而总结出来的俗语，体现了人民群众的智慧。

“有啥话留着腊月二十三时送灶王爷时说”：关中地区每年农历腊月二十三都会祭灶神，清扫房屋。旧时人们认为每年腊月二十三灶神都会去给玉帝报告，而玉皇大帝根据灶王的汇报来给人间来年每家相应的粮食，因此关中人会在这天烙“灶爷坨”来“贿赂”灶王，还会烧纸马让它去天上驼粮食。关中地区的祭灶习俗，反映了关中人希望丰衣足食的美好愿望。

“三锤两棒子”：也叫“三椎两梆子”，是关中人常用的时间概念，形容时间很短。椎和梆子是关中秦腔演奏的两种乐器，用木椎敲锣，用梆子控制节奏，敲两下梆子击三下锣是秦腔结束的标志。

“夜个黑”：指昨天晚上，如：“你夜个黑干啥去了，寻你去都没见你。”

“年时个儿”：关中大部分地区指去年、上一年。咸阳三原县一带称“年时”。

“冷练三九，热练三伏”：指在气温最极端时还坚持严格要求自己来磨炼意志。在关中地理条件下，三九、三伏是最冷、最热的时间段。

关中方言俗语中也包含一些粗俗的内容，如涉及祖宗忌讳及人身攻击方面，在某种程度上似乎影响了语言的魅力。如“尻子客”“精尻子撵狼，胆大不知羞”“嘴硬尻子松”“背着背篓子看戏，失眼占地方”等，但我们认为这里的俗不是粗俗，而是通俗，是关中民风民俗本真的反映，体现出率真、淳朴、粗犷的秦人形象。这些俗语使语言更富有灵动性与生活气息，反映了关中地区人民生产生活的变迁。

关中方言俗语不仅还原了关中人的生产生活画面，显现了人文风韵，而且真实地展现了文化的精华，具有永恒的表现力和生命力。但方言俗语是一种必须口耳相传的文化，随着时代的发展，有的方言俗语已被年轻一代淡忘，面临消亡的窘境。我们应该拿出精力与毅力去传承关中方言俗语这种简单、本真的文化。

二、作为文化符号的方言民俗

方言是民俗得以延续的载体，民俗是方言表现的重要内容。方言随民俗的产生而产生，亦随其消亡而消亡；而许多民俗如果没有方言的润色也会变得黯然无光。

1. 农耕习俗

关中方言负载了独特的民俗文化，描绘了关中人农耕生活的质朴凝重的风俗画卷。如："春不种，夏不收。春天不忙，秋天无粮。春天起得早，秋天吃得饱。春打六九头，遍地走耕牛。春天不撒懒，秋天日子谄。春误一天，秋误十天。""春争日，夏争时，万事宜早不宜迟。早一日，早一春，早一时辰早定根。春天种一棵，秋天收一锅。""春送千担粪，秋收万斤粮。一日春工十日粮，十日春工养个娘。"

这是一组关于春季农业生产的谚语，在农耕文明之背景下，"春"这一文化符号昭示给人们的全部语义内容几乎都是与农业劳动相关的，只要抓住了春耕这一生产环节，一年的农业生产就有了基础。在关中方言里，"春"就意味着"种植"和"希望"，而"秋"就意味着"成熟"和"收获"。这些关中农民最熟悉的方言词汇隐含着关中人农业生活的种种细节，积淀了千百年来人们亲历的真实历史。如，关中歌谣《春播曲》："杨柳青，桃花红，布谷鸟儿叫声声。情妹牵马哥摇耧，人欢马叫忙播种。播上春光绿满地，播上朝霞高粱红，播上白云棉桃开，播上春风金波涌，播上笑语五谷香，播上汗珠好年景。"

民间文学除了直接描写农业劳动场景和农业劳动者的高超技艺与勃发英姿外，还记述了农业生产习俗下的日常生活。如，关中歌谣《十三个月》："九月里来九重阳，当兵之人实恓惶，家里糜谷咋收割，我在军营思家乡。"《生产谣》："六月六，摘绿豆，绿豆繁，摘不完，摘下绿豆能卖钱。"这些描写农业生产习俗的民间语言，无不打上风俗文化和地域特征的深刻烙印。

如关中农谚："书要精读，田要细管。""书要苦读，田要深耕。""孩儿不教不成人，庄稼不管无收成。"关中人用读书育人做比喻来说明农业生产中的精耕细作之道理。在关中人民心目中，读圣贤书是神圣的，而种田务农是可以与读圣贤书相提并论的。

关中人千百年来生活于传统的农业社会里，关中风俗文化的参天大树是在农耕经济的土壤中生根发芽和成长壮大的，所以具有鲜明的农本特点。农业生产风俗是关中风俗文化的核心，也是其他各种风俗事象产生的缘由。

2. 民俗风情

方言不仅传承着正在流传的民俗，而且还积淀着大量已经消亡的旧俗。

如“褡裢”。关中民间故事《二郎庙》：“她默不作声地替二郎解下褡裢，摘下佩剑，顺手拿来一把甩子，拂二郎一路身上弥的尘土。”《断褡裢》：“原来是两人争一褡裢，一个中年人和一个少年各拉一头，互不相让。”该词曾活跃于古汉语里，在元曲和明清小说中是常用词，在现代社会里已不再使用，但是在民间文学描写的关中人的往昔生活中，它却频频出现。外出时将中间部分搭在肩头，装物的两端置于身体前后。“褡裢”作为一种民俗事象，是构成传统生活的文化符号。

在关中方言里，“褡裢”也叫“梢马”或“梢马子”。民间故事《借债还钱》：“你梢马里装着啥玩意，死硬死硬，把我硌得怪痛的，是不是银子钱？给我分一点使使。”“你怎么晓得我梢马里有钱，又咋能分给你！”“褡裢”“梢马”“佩剑”“甩子”“银子”等词语都是特定民俗风情画卷的文化符号。

“相公”，《辞源》里有四个义项：（1）指丞相；（2）旧时妻子对丈夫的敬称；（3）旧时对人的敬称，多指富家子弟；（4）旧称男妓。在关中方言里，“相公”指在店铺里当学徒的年轻人。如关中民间歌谣《抓药》：“七月里来凉飕飕，背上梢马四下游。一游游到山里头，我到药铺门上走，一位相公在门口。我单抓你八样药，不知你药性投不投？”“相公娃，不会抓，返身就把掌柜的拉，掌柜的就是老仙家。”关中方言里的“相公”也代表着一种已经消亡了的风俗文化。

关中地区悠久的历史文化和风俗活动是关中方言的生命源泉，变化中的风俗一方面源源不断地将新鲜的血液和生命力注入方言，一方面让负载已消亡风俗的方言词语在口语中消亡。以上列举的民俗事象在现实生活中都已不复存在，但负载这些风俗的方言词语仍积淀于民间文学的文本中。在民间文学里，它们和那些目前还在使用的关中方言词语共同构成关中地区独特的文化传统和风俗情调。

“棒槌”是乡村人生活中必不可少的器具，可以用来槌洗衣服，还可以将新织的布或浆洗的衣物捶平展。民间故事《样子》：“乙边说边往门外跑，婆娘急了拿个棒槌就撵，看看撵不上，使劲撇过去，乙往边一躲，棒槌骨碌碌滚到门外甲跟前。”棒槌是构成特定风俗图画的常用之物。

关中人把专门用来包裹东西的四方形或长方形的布叫“包袱”或“袱子”。民间故事《千佛手》：“他急忙用袱子裹了背上这金贵的东西返了回来。”用“包袱”包裹物品的风俗在城市生活中已经消失，但在关中农村却普遍存在。

“搅团”是关中人喜爱的食品。关中歌谣《老汉是咱好靠山》：“玉米面打搅团，喂儿不如喂老汉；儿子跟着媳妇转，老汉是咱好靠山。”搅团是关中农村用玉米面做的一种饭食。

“笼”，也叫“笼笼”，即篮子，有大有小，可盛粮食，装柴草，也用来放馒头等食品或一般物品。民间故事《买瓮》：“李灌提了个小笼笼，拿把铁锤出来了。”

“地窨子”，也叫“窨子”，是用以躲避匪灾或战乱的地道，可以藏人、粮食等财物。民间故事《柳树精》：“老柳树斜对门的老根旺，多年没有踪影，最近忽然听说回来了，却被儿子关在地窨子里不准出世。”

“升子”是关中人盛放米、面的木质生活器皿。过去尚无大量瓷质和塑料器皿，民间主要用木器和瓦器。民间故事：“妻子劝他还是去一下，不给米总不会连升子押下。”

“柽子”是织布机构件，用以将排列好的经线卷起，可用作婚俗中的道具。关中歌谣《撒草歌》：“一撒麦子二撒料，三撒新人下了轿。手搬‘柽子’脚踩毡，进门先把土地参。”

民间文化中的方言词语营造出了一种古朴凝重的民俗文化氛围，“褡裢”“梢马子”“升子”“笼笼”“地窨子”“棒槌”“牛圈”“雀粪”“骡马”“驴笼头”“粘面”“大刀面”“炉齿面”“油面”“老挖撒”“搅团”“锅盔”“麻糖”“橐驼”“鏊子”“胡基”“瓦渣”“罗圈”“纺车”“穗儿”“拧匠”“弹匠”“梭子”“柽子”“憋布”“涝池”“绞水”“铡草”“碨面”“熬茶”“瓦块”“灶火爷”“麦搭镰”“箭杆子白雨”“磨盘云”“浆子官”等，这些词语构成一种不同于现代城市生活的古典式风俗文化。

3. 智慧结晶

语言是人类智慧的结晶，关中方言是关中人民对生活的独特感悟，其词语组合凝聚了关中人的聪明才智。民间语言生动活泼，联想丰富。关中人形容人高兴，总是巧妙而生动地将思想表达到极致。如关中民间故事《金雀和银雀》：“老爷抬头一看，树上一只人眉人眼的雀儿在说人话，老爷一见喜迷了，他朝差人大叫：‘快！快！快给我抓住它！谁抓住有赏，谁放了都不行！’”再如：“老厨师点点头。饭后在灶脚地下一挖，果然挖出五十两银子，老厨师喜迷了。”“喜迷了”是短语，以“迷”补充说明“喜”的程度。

民间故事《杜康造酒》：“却说杜康的未婚妻帝女，趁这秋高气爽的中秋节，正喜迷迷地和杜康游园赏菊，商量结婚日期大事。”“喜迷迷”，形容人高兴的状态。“迷迷”念轻声。关中人还用“喜得摸不着鼻疙瘩”形容人巨大的喜悦。《小两口奇遇》：“呀！整整齐齐五瓮银子。这一下小两口子可喜得摸不着鼻疙瘩了，赶忙取出些银子，把剩下的埋好。”

《刨金子》写一农家的麦子获得大丰收：“这一下摇了铃，左邻右舍谁都称赞，儿子这才恍然大悟地说：‘哎呀！怪不得我大叫我刨金子，原来他老人家是这番用意呀！’”事情影响大了叫“摇了铃”，使人联想到清亮悦耳的铃声划破宁静平淡的生活。用“摇了铃”比喻事情的影响大，很奇特也很准确。

再如民间故事《灶王爷》：“张大巴掌赶紧给赔不是道歉，好话回了一河滩。”“一河滩”，在关中方言里是固定说法，形容很多，到处都是。

民间故事《转涝池》：“高才吓得浑身打战，冷汗淋淋，扑通跪在地上，蹄儿爪儿全招了。”“蹄儿爪儿”是以部分指代全部事情，很生动形象，有趣味。

民间故事《杀猪的哑语服番使》：“杀猪的在一旁接着说：‘你那小国见过碟子大的天？我中原答辩你那些小题目，还用得了当官的，就我这个杀猪的也不用吹灰之力。’”“碟子大的天”，说得多么生动有趣！

再如歌谣《庄稼是杆秤》：“庄稼是杆秤，能把人人心意称。几分诚意对待它，它献几分好收成。”把庄稼比喻成“秤”，“秤”可以称量物体之重量，而庄稼可以称量出人种庄稼是否有诚意。“庄稼”和“秤”是不同事物，关中人凭借对生活的感悟和丰富想象力敏锐地发现二者之间的“相似点”，构成贴切传神的比喻。

歌谣《栽下筷子也生根》：“富民政策到农村，土地增肥人增劲。瘦田变成金不换，栽下筷子也生根。”歌谣夸张描写在人的努力下土地变肥沃，以至于将一根已无生命活力的筷子插进泥土里，它也会枯木逢春，生根成长。这实属关中人新奇大胆的夸张修辞！

每一种语言都蕴涵着一种独特的世界，是一种符号化了的人类智慧。在关中方言的世界里，蕴涵着关中人将思想转化为语言符号时心灵深处迸发的智慧和理性之光辉，可以触摸到周秦汉唐之辉煌留给关中平原的文脉。关中方言体现了关中人看待世界的独特方式，是关中地区历史文化和民俗风情的载体。②

关中方言是关中人长期以来生产生活经验的结晶，是古老语言词汇的沉淀和地域传统文化的滞留。然而，随着时代的发展，人们生产生活方式有诸多改变，传统的生活习惯和语言也随之改变。能说地道关中方言者越来越少，许多土话词汇已经不再使用，甚至逐渐消失。将关中地区民间旧有的土话词汇记录和保留下来，至少让我们的后人知道，前人语言中还曾有过这样那样富有地方特色的词汇。而保留传统方言词汇，就是保留祖先留给我们的非物质文化遗产，更是抢救我们的传统文化。

第三节　方言用语雅俗共赏

一、妙趣横生的关中民谣

关中民谣多流行于八百里秦川的农村地区，一般是由长辈或者儿时伙伴间的口传心授而来的，具有浓厚的地域性、时代性、教育性以及娱乐性。关中民谣妙趣横生，在每个关中人的心田里，都会有几首带着浓浓乡音的童谣。

民风习俗类：“荠荠菜，开白花，阿家（婆婆）死了你当家，磨白面，捏疙瘩（饺子），面面辣子油泼下，看你俩口咋吃呀？”在关中农村，一般是男主外，女主内。俗语道：“男人是笓笓，女人是匣匣。”一个家庭的日子过得怎么样，考量着一个女主人治家、理财的水平。婆婆在世，通常都由婆婆当家，只有婆婆离世，家中大权才交由媳妇掌管。这首歌谣即反映了这一习俗。

家庭教育类：“花喜鹊，尾巴长，娶了媳妇忘爹娘。”“车子没铃，轧人不疼；车子没闸，不能带娃。”童言稚语非常可爱。“灯笼会，灯笼会，灯笼灭咧回家睡。老婆不让老头睡，老头茅房开大会！”说的是关中灯俗，充满了趣味。

憧憬期望类：“箩箩面面，油馍串串，猪肉扇扇，蜂蜜罐罐，我娃是个福蛋蛋！”反映了乡民对未来的好日子充满了期待和憧憬。

激励信心类：在关中农村，有句口头禅说得好："别人家的庄稼，自家的娃。"谁都看自己的娃娃亲、娃娃乖。有个笑话，有人托路人捎糖果给自己的孩子，路人问："哪个是你娃？"回答说："村口最漂亮的那个。"路人来到村口，看来看去，结果就看自己的孩子漂亮可爱，于是把糖果全给了自己的孩子。人人都爱自己的孩子，当孩子情绪低落、萎靡不振时，父母就会用这个民谣来为孩子打气。

社会写实类："远看像个要饭的，近看像个挖炭的，一问才知道是农办的。""铜头铁嘴，猫娃儿肚子兔子腿。"这两首民谣是过去农村乡镇干部的真实写照。初入行，老同志就告诫说，从事农村基层的行政工作一定要敢于碰硬，懂政策，出口如铁，还要能受得了气，跑得了路，只有这样才能适应"上面千条线，下面一针穿"的工作环境。而农技干部除了具备上面的素质，还要整天深入基层，深入田间地头，被风吹日头晒，所以才有了这么形象的民谣。

辛辣讽刺类："一二三，上城关，城关有个毛老汉，顿顿吃饭把门关。蝇子噙了一颗米，一下撵了十八里，过一桥，捡个桃。过一河，拾个骡，赶紧骑上得儿驾。"一个吝啬、贪婪、爱占小便宜"葛朗台式"的乡村小老头形象跃然而出。不得不感叹，民众的语言尖酸辛辣、酣畅淋漓、入木三分、生动传神。"见啥人，说啥话，溜沟子，不挨骂。""吃我的饭，砸我的锅，把我吓得钻鸡窝……"这些民谣则反映出广大民众对溜须拍马、见利忘义、恩将仇报者是多么痛恨和不屑一顾。

朴素哲理类："咪咪猫，上高窑；金蹄蹄，银爪爪，不逮老鼠逮雀雀，雀雀给娃纳袄袄；叫娃穿，娃不穿；叫狗穿，狗在河里捞韭菜；韭菜花儿漂上来，叫娃戴，娃不戴，别人戴上娃可（又）爱；雀雀飞了，把娃气死了。"这首歌谣委婉动听，朗朗上口。虽然是一个简单、浅显的故事，却告诉人们一个生活生存的道理——如果好高骛远，这山望着那山高，结果只能一无所获。所以告诫人们，做人做事一定要珍惜当下，脚踏实地，切莫浮光掠影。

游戏娱乐类："锁子灵，叫马城，马城开，叫谁哩，叫我虎儿进城来。""指指，窝窝，糜面，饦饦，你在我门儿闹啥哩？歇凉哩。啥凉？槐凉。鸭子喝水，扑腾一嘴。""数，数，数笸箩，笸箩南，笸箩北，笸箩地里拾干麦，七斗，八担，石榴花快转，转到耀州，金碗儿，银碗儿，揭起，扣下。"这类民谣的游戏成分较多，一般是手口并用，多人互动进行。它节奏感强，参与性广，而且以游戏决胜负，主要锻炼孩子手脑的协调能力和反应能力，从而培养孩子的自信心。

自然经验类：“面面土，贴膏药，不看先生就好了。”过去，乡村的医疗保健水平相对较低，医疗设施和机构难以满足民众的需求，加之乡民收入低，少有闲钱去看病买药。在生产劳动过程中，偶尔遇到擦伤、划破手指之类的小病，往往会就地取一些陈年老土捻面敷上。逐渐地，也有人就地采集刺蓟，捣烂取其汁液止血。这类民谣从一个侧面印证了当时乡村人们“小病抗，大病挨，实在不行医院抬”的生活状况。

善意诅咒类：“撂，撂，撂泥蛋儿，谁拾了，害红眼。”“翻，翻，翻绞绞，翻不过去挨刀刀。”孩子们在摔泥窝游戏结束后，还舍不得扔泥巴，但又怕其他孩子白捡了便宜，于是就会哼唱这类民谣，孩子天性中的“小心眼”从中可见一斑。[③]

民谣是历史的符号，是文化跳动的音符，其知识性、趣味性和传播性都很强。然而，随着网络、广播、电视、手机微信等新媒介的普及，人们能够听到的民谣却越来越少了，而孩子们对民谣的兴趣也大不如从前。如今，关中民谣这个非物质文化遗产亟待得到保护和发展，亟须通过一种新的形式和媒介重新“活”起来，这样，关中民谣才能够在传承、发展中继续发挥其教化社会、娱乐百姓的作用。

二、包罗万象的关中民谚

“陕西地方邪，只说不敢噘。”“蒸馍省，烙馍费，撕疙瘩擀面卖了地。”“媳妇好与瞎，一半看婆家。”“雪怕太阳草怕霜，过日子怕的瞎铺张。”“会说话的想着说，不会说话的抢着说。”“越吃越馋，越坐越懒。”“喝开水，吃熟菜，不拉肚子不受害。”“只顾眼前，日后作难，精打细算，钱粮不断。”“饱汉子不知饿汉子饥。”“吃面不放醋，等于吃抹布。”“生意做遍，不如卖面。”“娃娃勤爱死人，娃娃懒么人管。”“太阳上墙，小儿找娘。”“大锅稀粥小锅面，一天三顿家常饭。大锅稀粥咥着香，小锅燃面惹嘴馋。”“一窍不得，少挣几百。”……无论你是不是陕西人，只要在西安、关中住得久了，总能听到街坊邻居中“老西安”们常在嘴边说起的不少关中民谚。

谚语乃熟语的一种，流传于民间，是人们在长期生产实践里总结出来的经验和教训，言简意赅，寓教于乐，朗朗上口，幽默诙谐，便于记忆，且实用性强。农谚一般是代代口传心授而成的，其内容包罗万象。关中民谚，从气象物候、农耕生活、四季节气，到民间习俗、人情世故、礼仪道德，甚至家政养生、生意理财、唱曲打拳等，几乎涵盖了关中人生活的方方面面。

气象类：在关中农村，老人常告诫后生："进门观脸色，出门看天色。"提醒人们，与人交往时，要学会察言观色，谦虚谨慎，话到嘴边留三分，该讲的讲，不该讲的千万不能说，说多了必定于事无益；出门赶路，要学会观天色，提前判断阴晴雨灾，防患于未然。聪明的后辈将老人的话铭记于心，把"观天色"延伸，用以指导农业生产，防害减灾，从而收到事半功倍的效果。

常见的气象类农谚有："云朝东，一场风；云朝南，水漂船；云朝西，水滴滴；云朝北，端上簸篮儿晒干麦""燕子低飞蛇过道，蚂蚁搬家大雨到""雨中闻蝉叫，预示晴天到""麻雀囤食要落雪，蚂蚁垒窝要落雨""蚯蚓路上爬，雨水乱如麻""早霞不出门，晚霞晒死人""烟囱不出烟，必定是阴天""鸡迟宿，鸭欢叫，不久雨来到""水缸出汗蛤蟆叫，莫赶长路大雨到""瓦块云，晒煞人；扫帚云，雨淋淋""天上鱼鳞斑，晒谷不用翻""乌云接落日，不落今日落明日""早上乌云盖，无雨风也来""黄云上下翻，天要下冰蛋""久晴大雾阴，久阴大雾晴""掏钱难买五月旱，六月连阴吃饱饭"。

农事类：过去在农村，没有专门的农技学校，农艺传承全靠"老子教儿子，儿子传孙子"的口传心授，而传来传去，传的就是祖上留下来的农谚。关中人耳熟能详的管理类农谚有："庄稼一枝花，全靠粪当家""孩子不离娘，庄稼不离土""白面细面，土中提炼""地靠人养，苗靠肥长""有收无收在于水，收多收少在于肥""头伏萝卜二伏芥，数罢三伏种白菜""无酒不请客，无灰不种麦""枣儿塞鼻子，种谷种糜子""施肥施到劲头，锄地锄到地头""种地没有窍，勤耕多锄草""（秋作）三分种七分管，人勤地不懒""干锄棉花湿锄瓜，不干不湿锄芝麻""抹芽不过寸，过寸跑了劲""秋分早，霜降迟，寒露种麦正当时""秋作没啥早，越早苗越好。一早三分壮，一晚三分薄""玉米锄得嫩，顶上一茬粪""若要玉米好，肥料要吃饱""玉米不上粪，空收一根棍""小麦要增产，冬春灌溉是关键"。

经验类：人常说，经验是总结出来的，教训是用血的代价换来的。经验类谚语都是乡野智者善于观察、善于摸索、善于总结的结果。这类农谚多为积极的哲理性强的谚语，富有指导性和实用性。此类农谚有："白雨猛，中雨烈，霖雨落地不停歇""雹打一条线""雨打清明节，干到夏至节”“夏至无雨，囤里无米”“冬雪是麦被，春雪是麦鬼。麦盖三床被，枕着馒头睡”“蜻蜓成群绕天空，不过三日雨蒙蒙”“干冬湿年”“棉花锄七遍，桃子赛蒜辫”“枣发芽，种棉花”“杨叶如钱大，开始种棉花”“椿头大似碗，种花也不晚”“麦好在种，秋好在务”“起寒种麦，十种九得”“底肥不足苗不长，追肥不足苗不旺”“麦收在犁上，秋收在锄上”“玉米去了头，力量大如牛”“平叶要稀，竖叶要密”“除虫如除草，一定要赶早”“今年锄草剩一棵，来年拉草一大车”“叶片转开身，一棵打半斤”。

忠告类：“老人是财富”，前辈人走过的弯路或者亲身历经的血的教训，不愿意后辈人再重蹈覆辙。过去在乡村，常能听到人们这样告诫后生：“种地不上粪，等于瞎胡混”“人哄地一时，地哄人一年”“惯养出娇子，肥田出秕谷”“井水不如河水，河水不如雨水”“水利不修，有田也丢”“早谷子晚花，十年九瞎”“晚种一包米，早种一把糠”“犁地不耙地，等于蒸馍跑了气”“人勤地不懒，大囤小囤满”“深耕加一寸，顶上一茬粪”“耕得深，耙得烂，来年准能吃饱饭”“锄头下有水，锄头下有火，锄头下有肥”“猪鸡上圈羊上绳，提防畜禽来啃青”。

生活类：关中人千百年形成的生活习俗依然保存在民谚之中。“关中妇女有三爱，棉花搅团苜蓿菜。”“头锅饺子二锅面，油泼辣子馍蘸蒜。”这两句民谚说的是关中人最爱吃的美食。“一情二簧三秦腔，细腻不过碗碗腔。”“解馋过瘾看桄桄，幽雅文静听二簧。”“吃面要吃biangbiang子，听戏要听桄桄子。”“一碗面条一折戏，看了秦腔去种地。”……可见从古至今，关中人最爱吃的还是面食，最爱听的还是秦腔。

节气类：“春雨惊春清谷天，夏满芒夏二暑连，秋处露秋寒霜降，冬雪雪冬寒又寒。”这是关中地区关于二十四节气的民谚，朗朗上口、简单好记。“清明”是二十四节气之一，谚语里有许多都是反映这一节气的，如“清明雨渐增，天天刮好风”“风吹十六灯，雨打清明坟”等。清明农谚中有很多跟农事有关，如“清明喂个饱，瘦苗能转好”，这是说灌溉的；“清明不上粪，越长越短劲”，这是说施肥的。在清明农谚中，还有不少是描述农作物的，如“清明时节，麦长三节”“清明忙种麦，谷雨种大田”“清明到，麦苗喝足又吃饱”，这些都是说小麦的；“清明高粱谷雨谷，立夏芝麻小满黍”“清明前五不早，清明后五不晚”，这是说高粱的；对于经济作物棉、麻、瓜、豆、茶叶，清明谚语也有描述，如“清明谷雨紧相连，南坡北洼快种棉”“清明花，大车拉；谷雨花，大把抓；小满花，不归家”“大麻种在清明前，叶大皮厚又耐旱”“清明种瓜，船载车拉”“清明前后，种瓜点豆”“明前茶，两片芽”。清明谚语里不单有农作物，还有不少缤纷绚丽的花木，如“春分后，清明前，满山杏花开不完”“梨花风起正清明”“清明不戴柳，红颜变皓首”。清明节最著名的活动是祭祀，这一点在谚语里也有体现，如“祭罢祖，就种瓜”。祭祀、农活两不误，祖先有知，也当含笑九泉。

与二十四节气相关的三伏、三九也影响着人们的日常生活：“一九二九，关门断守；三九四九，冻破砖头；五九六九，人人抄手；七九八九，阳坡看柳；九九八十一，老儿顺墙立。”关中这些与节气有关的民谚，非常符合关中的气候变化，因为节气就发源于关中。

关中民谚既是关中地区悠久历史的缩影，又是关中地区劳动人民在生产生活、社会时政、情感哲理等方面的世界观和处世哲学的体现。可惜的是，随着农耕文明向现代工业文明的转变，很多民谚赖以生根发芽的土壤正在慢慢失去，农谚正一天天地退出历史舞台，但作为文化，其依然是难以复制的宝贵财富。2016年，“关中民谚”入选陕西“非遗”项目，这是对这种由民众创造的智慧结晶的重视。希望民谚能够在年轻一代中传承下去。

三、短小风趣的歇后语

歇后语是关中人在生活实践中创造并经常使用的一种语言形式，一般由两个部分组成，前半截是形象的比喻，像谜面；后半截是解释，像谜底。使用时，通常说出前半截，“歇”去后半截，人们就可以领会和猜想出它的本意。歇后语以其独特的表现力给人以深思和启迪，反映了华夏民族特有的风俗传统和民族文化。歇后语一般寓意深刻，短短一句凝聚很多智慧。

石灰窖里撇了一砖——白气冲天。
秋后的蚂蚱——还能蹦跶几天。
裁缝丢了剪刀——光剩下尺（吃）了。
胡萝卜调辣子——吃出看不出。
屎巴牛支桌子——硬撑。
旅店里的臭虫——吃客。
枣核解板——两锯（句）。
猪八戒照镜子——里外不是人。
钟鼓楼上的麻雀——见过世面。
猫吃糨子——光在嘴上挖抓。
纸糊的背篮子——靠不住。
戴着草帽子亲嘴——差得远。
秃子头上的虱——明摆着。
外甥打灯笼——照舅（旧）。
放牛娃拾地软——捎带。
和尚住在牛圈里——不像个寺（事）。
三十亩地一颗谷——独苗。
看三国流眼泪——替古人担忧。

蚂蚁尿到书本上——湿（识）字不多。
杨五郎当和尚——半路出家。
碗大的西瓜一拃厚的皮——瓜严了。
头顶长疮脚底流脓——坏透了。
搭起戏台卖豆腐——买卖不大架子大。
猪八戒背稻草——要人没人，要行李没行李。

还有许多关于“娃”的歇后语。如

光屁股娃撵狼——蔫胆大。
拿癞蛤蟆哄娃——不是东西。
抱娃拜天地——双喜临门。
飞机上生娃——高产。
橡皮娃娃打针——没有反应。
背着娃娃推磨——添人不添劲。
狼窝里养娃——性命难保。
娃娃放风筝——抖起来了。
碎娃穿大鞋——没法提。

细品关中地域的这些歇后语，可以发现，这些都来源于关中人最亲近的日常生活，具有十足的关中气息。有经验之谈，有讽刺嬉笑，也有劝诫警示。或许出了关中，就没有人能明白其中的韵味，唯有生活在这片土地上的人们，才能真正领略其中的意趣。

注释

①参见唐群：《秦都咸阳遗存文化研究》，陕西人民出版社，2013。

②参见陕西省地方志编纂委员会编：《陕西省志·民俗志》，三秦出版社，2000。

③参见户县志编纂委员会编：《户县志》，西安地图出版社，1987。

咥碗面

第六章　关中之怪　风俗画卷

元代诗人元好问曾言：“关中风土完厚，人质直而尚义，风声习气，歌谣慷慨，且有秦、汉之旧。至于山川之胜、游观之富，天下莫与为比。故有四方之志者，多乐居焉。”[①]或谓：秦地最胜，无如关中。检视过去、当下，以上诸说名副其实。更有关中十大怪、关中百大怪，构成了千古不老的地域生活风俗画卷。

关中民谣：“八百里秦川尘土飞扬，三千万人民齐吼秦腔。”“咥一碗粘面喜气洋洋，没有辣子嘟嘟囔囔。”

第一节　关中十怪　风土人情

俗话说：“十里不同风，百里不同俗。”在关中这块黄土地上，由于气候、经济、文化等多方面因素的影响，关中人在衣、食、住、行等方面，形成了一些独特的习俗。外地人对此十分好奇，总结出“关中十大怪”：面条像裤带、锅盔像锅盖、辣子是道菜、碗盆难分开、帕帕头上戴、房子半边盖、姑娘不对外、不坐蹲起来、唱戏吼起来、睡觉枕砖块等。

关中是中华民族的发祥地之一，自周开始，秦、西汉、西晋、前赵、前秦、后秦、西魏、北周、隋、唐等13个王朝在陕西建都，时间长达1180年。关中不仅有悠久的历史、灿烂的文化，在民间也流传着“关中十大怪”的歌谣，通过这些歌谣，从一个方面反映和体现了这里的风土人情……

武功睁眼锅盔

第一怪：面条像裤带

歌谣为证：

三秦面条真不赖，擀厚切宽像裤带。
面香筋道细又白，爽口耐饥燎得太！

俗话说：东南西北中，面食在关中。关中的面食是全国闻名的，很多人都会慕名而来，吃上一碗正宗的关中扯面。正宗的关中人做的扯面正是“十大怪”之一“面条像裤带”的真实写照。一根面条可长达一米左右，亦有厚薄之分，厚的时候与一枚硬币的厚度差不多，薄时却如蝉翼。对饭量小的人来说，一条正宗的关中扯面足够一顿午饭，而对于劳动强度大的关中壮汉来说，一顿吃上两三条扯面那是正常的。关中人吃面，喜欢吃“精致”面。这“精致”二字是指面的制作工序和手艺。一碗面的形成包含如下程序：和面，醒面，揉面，再醒面；当面达到可以做面条的程度时，再把面揉软，擀厚，切宽，下锅；煮熟以后再泼上辣子，或是浇上臊子，一碗面才最终完成。这一碗精致又色香味俱全的面，吃起来光滑、柔软、热火、筋道，既可口又耐饥。特别是农忙时节，辛苦了一上午的关中壮汉们端起一碗家中女人做的筋道可口又耐饥的裤带面，脖子一伸一缩，呼噜噜吞进肚里，饱嗝一打，顿时浑身上下都是力气，拉车、上山、扛石头，五六个小时不吃不喝也不觉得饿。

关中地区从先秦时期起就是中国的小麦主产区，关中地区的冬小麦生长期长，光照充足，面粉质量好。关中人吃面的历史距今已有几千年了。随着社会的发展，关中的面食工艺更加细致，面食的种类也更为多样。正是由于关中地区粮食种植的特色，形成了关中地区独特的面食文化。虽说都是面，但关中人能把每一种面食做得与众不同，都赋予了它文化底蕴，如同关中的历史一样厚重。在关中有句俗语：一天不吃面，心里便瞀乱；三天不吃面，浑身就没劲。这正是关中面食文化的独特写照。

第二怪：锅盔像锅盖

歌谣为证：

饼大直径二尺外，又圆又厚像锅盖。
陕西把饼叫锅盔，里酥外脆好捎带。

打墙

锅盔又叫“锅魁”“烙馍”“锅盔馍”，是关中地区的一种传统面食制品，是用麦面制成面坯，在铁锅上烙烤而成的饼子。因在锅里烙制而成，且形状又是圆形，故名“锅盔”。关中人做锅盔，将面和得很硬，甚至用手都揉不动，必须借助木棍，使出全身力气来压揉，压好后再擀成面坯，放在铁锅上用文火慢慢烙烤，微火煨熟。这样做成的锅盔麦香味十足，内酥外脆，干硬耐嚼，香醇味美。因为关中农村的铁锅都很大，直径一般都在两尺以上，所以烙出的锅盔又大又厚，很像一个锅盖，这就是“锅盔像锅盖”一说的由来。提到锅盔，关中比较著名的锅盔有长武县锅盔、岐山县锅盔，还有乾州锅盔。提到乾州锅盔，不得不提到一个历史典故。在陕西乾州（今乾县）地区，流传着这样一个说法：唐时，武则天为自己的夫君唐高宗李治选陵址，修陵墓。陵墓位于长安城西北方位的梁山，西北方为乾，故皇陵钦定为“乾陵”。为修筑乾陵，数万民夫日夜出工，土木石料源源不断运往乾州。由于人数众多，吃饭需要排队，民夫往往因为吃饭耽误施工进度，而受到惩罚。有一天，一个民夫在焦急等待之中把面团放进头盔里放在火中烤成饼，以此为食。此饼足够一天充饥之用。后来，民夫出工，个个携带锅饼。开始为携带方便，做成头盔状顶在头上，炎热盛夏能遮挡阳光暴晒，阴天又可用以挡雨。一时间人们对此锅饼大加称赞，便以“锅盔”命名。算起来，锅盔已有上千年历史了。“形如菊花火色匀，皮薄如纸馍膘多，用手掰开一层层，用刀切开如板油”，这是名人对它的描述。烤锅盔、挂面、豆腐脑、馇酥这四种地方小吃，被誉为“乾州四宝”。在四宝中，锅盔馍为头宝，最受人欢迎，知名度也高。锅盔不但个大、型特，而且好吃，特别是农民用刚收获的小麦磨的面粉烙锅盔，烤锅盔，那味道更绝。入口越嚼越多，下肚回味无穷。锅盔吃起来酥，闻起来香，而且容易存放。夏天放个三五天，冬天放个十天半月都不成问题。锅盔还是关中人外出的主要干粮，过去关中人外出都是自备干粮，而干粮80%都是锅盔。带锅盔上路，方便、好带，而且好吃。如果带锅盔出门坐车，会散发出一种独特的香味，使同车人未见其馍，即闻其味，诱人食欲。锅盔的特色也与关中厚重的历史文化相辅相成，展现出关中独特的饮食民俗。

第三怪：辣子是道菜

歌谣为证：

虽说川湘能吃辣，老陕吃辣让人怕。
辣面拌盐热油泼，调面夹馍把饭下。

相亲

形容关中人生活习俗的十大怪中，其中一怪是“有了辣子不吃菜”或者“辣子是道菜”。这是说关中人对辣椒有一种特别的嗜好。岂止嗜好，说是一种情愫则更为贴切。

说起吃辣椒，大家都知道湖南、四川人厉害，其实关中人吃辣椒一点也不逊色。毛泽东曾说过，不吃辣子，不是革命者。虽然现代科学没有证明其有无道理，但关中人嗜辣却是不争的事实。在关中地区，几乎没有人不爱吃辣椒。城里人爱吃，乡里人爱吃；男人爱吃，女人爱吃；大人爱吃，小孩亦爱吃。就连刚学会走路的幼儿，手里拿半个热蒸馍，也要用辣子抹得红彤彤的。关中人吃辣椒，不是可吃可不吃，而是经常要吃。上顿饭吃，下顿饭吃；天天吃，一年四季吃。无论吃什么饭都要放辣椒，吃面条放辣椒，吃米饭放辣椒，吃馒头夹辣椒，吃搅团、吃糁糁离不了辣椒，就是喝大米稀饭，也喜欢就着辣椒吃。关中人最不爱吃没有辣子的白饭。没菜、没油、没肉能行，但要是没了辣子，饭就没了滋味，就吃不下去，就难以下咽。如果有了一碟油泼辣子，馒头能多吃一个，面条能多吃两碗。关中人吃辣子，吃得色浓味重，越辣越对脾气。一碗饭，或扯面，或水饺，或是米面皮子，总要把个辣子放得红艳艳的，直吃得身上发热，头上冒汗才过瘾。也常见有囫囵个儿吃辣椒的。一根线辣椒，一口咬掉半截子下饭，直辣得龇牙咧嘴，唏唏嘘嘘，却高兴，却乐呵，这才心满意足呢！去市场上买辣椒，多爱买辣味儿重的线辣椒、尖辣椒，甜辣子很少有人问津。买那种从南方运来的辣椒，也要掰开来闻闻、尝尝，不辣不买，辣了才买。

在关中地区，无论是城市还是农村，只要是地道的关中人，几乎家家都备有一个辣罐子，里边满满地装着一罐辣子面。还有一个辣子碗碗或碟碟，里头啥时候都盛着油汪汪、红艳艳的油泼辣子。吃饭时，和盐、醋、酱油、味精等调料一同摆上桌。在过去的农村，饭桌上放一碟油泼辣子，是生活充实和富足的标志。

关中人去外地出差，最发愁的是吃不好饭，这倒不是外地的饭菜不丰盛。鸡、鸭、鱼、肉，生猛海鲜，样样不缺，各地亦有各地的风味特色，然而却总是不对胃口。实在熬不住了，就去小街巷里寻得一卖面条的饭馆，先看看有无辣子和醋。

有一句民谣说得好：“八百里秦川尘土飞扬，三千万人民齐吼秦腔；咥一碗粘面喜气洋洋，没有辣子嘟嘟囔囔。”这后两句说的就是关中人嗜辣。

关中人爱吃辣椒，关中的土地亦生长优质辣椒，辣椒是关中的一大特产。由于秦椒品质优良，因而在国际上享有很高的声誉，被誉为“椒中之王”，现在种植面积、产量和出口量在全国都名列前茅。

村头

吃辣椒，能增进食欲，帮助消化，振作精神，促进血液循环。很显然，对强身健体有好处，难怪许多名菜佳品都离不了辣椒，也难怪关中人喜食辣椒。有人说关中人的血液里都渗透着辣辣的味儿，因而性子躁，干活猛，说话火，心脏好。嗜食辣子的习惯，就如同依恋着古老的黄土地的情结一样，会一代一代地流传下去。

第四怪：碗盆难分开

歌谣为证：

老陕饭碗特别大，面条菜肴全盛下。
一碗能把肚填饱，老碗会上谝闲传。

关中人把饭碗不叫饭碗而叫“老碗”。这个“老”字并不是代表了老碗的历史多么悠久，而是碗中“老大”的意思。其实老碗在饭碗当中，绝对是当之无愧的“大哥大”。这种老碗甚至比小盆还大，所以往往碗盆难分。

老碗，俗称“海碗”。耀县（今耀州区）的老碗，属于青花粗瓷。虽然，这老碗表面打眼一瞅有点愣头愣脑。但是，骨子里却透着一种朴实和憨厚劲儿，这就像关中人的秉性一样。正宗的关中大老碗，碗深而圆，其容量起码有一般吃饭用的小碗七八个之多。关中人无论是青壮年、老人、孩子吃饭，一律都用老碗。用这样的碗绝对省事，一次就能盛够，绝对不会再来第二次。

关中人吃饭图的就是个热闹劲儿，喜欢一起扎堆儿吃饭，人们把这叫作“老碗会”。有时候，谁家的饭好吃，都会给别人家孩子毫不吝惜地盛上一碗。当一群人三三两两地蹲在大门外，各人捧着自己的老碗，一边晒着暖洋洋的太阳，一边山南地北谝着闲传，过着悠闲而自在的生活时，谁不说这就是上天对三秦儿女的恩赐呢！

而今，生活好了起来，人们平时吃的零食和副食也多了起来，人们的饭量也没有以前那么大了，饭碗也越来越小了。因此，关中的老碗逐渐成为历史。但是，关中人却从心底里更加怀念那乡间淳朴的老碗会。

吼声秦腔

第五怪：帕帕头上戴

歌谣为证：

陕西农村老太太，花格帕帕头上戴。
防晒防尘又防雨，擦手抹汗更实在。

在反映陕西人生活的“西部片”中，经常看到戴羊肚毛巾、身穿对襟夹袄的老汉及老年妇女，头上都戴着（顶着）一块黑色或白色的帕帕（手帕）。你如有幸来到关中农村，这里的情形，和你在电影里看到的会是一模一样的。

关中地区夏秋两季天气炎热，人们在田间干活或者行远路时常常都是汗流浃背，因此，人们无论是下地干活，还是热天外出，总要带上一块手帕，以备随时拿出来擦汗。在实际劳作时，因为要不时地擦汗，手帕装在口袋里掏拿不方便，别在腰间又随时会被长得较高的庄稼挂掉，于是人们将其顶在头顶。这样一顶，人们便发现了它的好处：一是手帕顶在头上遮挡了阳光，在阳光下劳作时，头上便舒服多了。二是没太阳时，随时摘下手帕装在衣兜里，比草帽携带起来方便多了。这是人们在生产劳动中的一个重要发现。关中属于黄土高原地区，气候干燥，遇风则尘土飞扬，每当大风刮起时，妇女们便拿出手帕绑在头上，一来可以防止大风把头发吹乱，二来可以防止尘土弄脏头发。此外头上的大手帕还可以随时拿下来包东西，真可谓既经济又实惠方便。总之“帕帕头上戴”既是关中地区人们生活经验的结晶，也是他们勤劳朴实的见证。头上那一顶顶手帕犹如一面面旗帜，弘扬着关中人的勤劳智慧。

第六怪：房子半边盖

歌谣为证：

乡间房子半边盖，省工省料省木材。
遮风避雨又耐寒，冬暖夏凉好运来。

在关中地区，随处可见“一边盖”的房子。何为“一边盖”？一般的房子房顶皆为人字形，可是关中地区的房子却只是人字的一撇，关中人把这“一边盖”的房子叫作“厦房”。

“厦房”是一种院墙、房墙和山墙共用的四合院，是由直角三角形梁支撑的单面房檐斜

织布

坡民宅。“厦房”就是关中“房子半边盖”的体现。中国传统文化中有“天人合一”的思想，而关中地区的“房子半边盖”则是把这种古代哲学思想体现于现实生活的最好印证。“厦房”四合院的院墙自然要比其他类型的四合院高出许多，形成了四周高、内里低的特殊几何形状的“盆式”格局，有人戏言：这种民宅的最大优点是防贼。其实，什么地方盖什么房子，民宅的样式与一个地方的气候有关，也与一个地方的出产有关，还与这个地方的风俗习惯有关。关中夏秋多雨，房顶坡度大有利于排水；水排在院中也有利于灌溉树木、菜田，冲刷污垢。关中民俗有“借山不借水”之说，可以借助邻居山墙，不可让屋檐水流入邻居地界，怕伤两家和气，也有“肥水不流外人田”的意思。

关中地区是人们最早开始群居生活的地方，临潼的姜寨遗址和西安的半坡遗址都见证了关中人群居生活的漫长历史。从战国时期开始，在长达两千多年的时间里，关中民居的建设一直保持着一个传统——户户相连。这是“房子半边盖”形成的社会基础。“房子半边盖”常常是两家共用一面支撑墙（关中人称为背字墙），这体现了关中人厚道、友善的高尚品格。在户户相连的情况下，采用“半边盖”的建筑结构不仅能够节约空间，而且易于营造出自家四合院的格局。“房子半边盖”使雨水流向自己的院子，尽可能多地接受雨水，同时也不会侵害邻居或者伤害他人利益。“半边盖”的房子可以和邻居的房子相互支撑，能够提高保温性和抗风性，与此同时，“房子半边盖”也体现了人们的公德意识。在关中农村随处可以看到，即使在自家没有邻居的情况下，房子依然采用“半边盖”的结构，以免雨水流到街上或者路上，损害他人利益。

在岐山周原周文王宫室遗址上，仍可觅到厦房的踪影。岐山周原博物馆复原模型图上，大殿前就是两排厦房。厦房是连接窑洞与大房的纽带——最早的人类从洞中爬出来后，在洞口用树木搭起“接檐”，既能早早迎接日出，也安全。后人经过革新创造，发明了厦房。厦房凝结着华夏子孙的审美观念、能工巧匠的智慧和汗水。“乃召司空，乃召司徒，俾立室家。其绳则直，缩版以载，作庙翼翼。”这首《诗经·大雅·绵》记述古公亶父在古周原盖房筑墙的诗句，就是一座厦房诞生的真实记录。

总之，“房子半边盖”既是关中人重视邻里关系，互敬互让、互帮互助品格和精神的见证，也是其智慧的体现。

纳鞋底

第七怪：姑娘不对外

歌谣为证：

长安建都十几代，人杰地灵春长在。
风调雨顺生活好，陕西姑娘不对外。

“姑娘不对外”是指关中地区的姑娘不愿也极少嫁到外乡去。“姑娘不对外”这种现象与生存环境、人际关系有关。关中地区地理位置十分优越，土地肥沃，旱涝保收，极少闹饥荒，关中人对这片富饶的土地极为珍惜，因而有“老不出关（潼关），少不下川（四川）”的谚语。久而久之，不仅男人们不外出远行，就连姑娘们也不愿远嫁他乡。女子们很希望自己出嫁后能得到娘家人的照顾，不受婆家欺侮，父母也希望女儿将来照顾自己方便，因而希望女儿嫁得越近越好。

关中地区是中国土地开发最早的地区，自战国至唐朝，这里都是全国比较富庶的地方。从唐代到现在，这里又是自然灾害发生最少的地方，相对来讲，这里是人们安居乐业的理想之处。世世代代生活的平安稳定在人们的心目中形成了热爱家乡的情结。从另一个角度看，关中是中国伦理道德思想产生、发展和成熟之地，重亲情是关中人的一个优良传统。孩子走得远了，一是思念难耐，二是怕孩子受委屈，三是怕孩子身在他乡没有依靠，四是怕孩子嫁到条件不好的地方受苦。正是以上原因，做父母的都不愿自己的孩子嫁到别处去。因此，“姑娘不对外”实际上是父母慈爱之心与关爱精神的真实写照。

第八怪：凳子不坐蹲起来

歌谣为证：

老陕脾气真古怪，有凳不坐蹲起来。
问他为啥不坐着，他说这样很自在。

说来奇怪，凳子就是用来坐的，但关中人就爱蹲着。关中的男子们一日三餐都要蹲在一起开“老碗会”，而且一蹲就是一个多小时，加之人们冬天喜欢蹲在背风向阳的地方晒暖暖或者丢方、下棋，于是，关中人就养成了“蹲”的习惯。外地人说这是“板凳不坐蹲起来”。实

耍媳妇

际上，也是人们劳累后歇息的一种习惯。

当然，其中也有道理，坐得久了，蹲一会也很舒服。不信你也试一试。

第九怪：睡觉枕砖块

歌谣为证：

三秦大地庄稼汉，不爱软枕爱砖块。
冰凉坚实嫽得太，醒脑提神金不换。

关中人的一些习惯常使人不可思议。关中人不喜欢柔软的枕头，如果枕着软枕头，会如睡针毡，浑身不舒服。如果找个砖块枕上，就能酣然入梦。

关中人喜欢枕硬枕头的习惯，与长期睡炕有关。因为炕面是用土坯和稀泥抹成的，平坦而又坚硬。炕面上一般只铺一张席子，冬天即使铺上褥子，由于烧炕时热是从炕面下传上来的，为了更接近热源，人们还是习惯于将身体置于褥下。长期睡在硬炕上，自然也就需要硬枕头配套了。

关中人用的枕头品种颇多，有砖块枕头，有用木块削成像箱子一样的枕头，里面可以储放东西并能加锁，有陶瓷枕头，有用蓝田玉打磨成的又硬又沉的玉石枕头。硬枕头最大的优点是清爽、凉快，有的枕头可以好几代人用，磨得油光发亮。

喜欢枕硬枕头也和关中人憨直的秉性分不开的。关中夏季酷热难耐，庄稼汉晚上睡觉的时候，更愿意枕着一块砖头或者石头酣然高眠。而且，关中人亲切地把它叫作“金不换”，意思就是用金子也不换的宝贝，足以见得关中人对于石块或砖块做的枕头的依恋和痴迷程度了。

第十怪：秦腔吼起来

歌谣为证：

民风淳朴性彪悍，秦腔花脸吼破天。
台下观众心欢畅，不怕戏台要震翻。

给新媳妇送娃

“秦腔吼起来”在关中地区随处可见。过去无论是在田间地头干活的农民，还是在省城里工作的文员，人人都能“吼”上几段秦腔。即便是在今天，秦腔也没有退出人们生活的空间。在农村，年纪大些的老人都能脱口而出一些秦腔唱段，因为听秦腔、唱秦腔是农耕时最主要的娱乐项目和精神享受。人们常说：“生活中可以没有油盐酱醋，但是不能没有秦腔。”尤其是红白喜事，都离不开用秦腔表演来烘托气氛，往往因为秦腔而喜上添喜，或悲上添悲。演戏的和听戏的一样投入，一样兴奋或悲哀。

秦腔的一个主要特点是高亢激越、粗犷豪放，尤其是花脸的演唱，更是要扯开嗓子大声吼，当地人称之为“挣破额”。外地人开玩笑说：“唱秦腔，一是舞台要结实，以免被震垮了；二是演员身体要好，以免累病了；三是观众胆子要大，以免被吓坏了。”吼戏者，脸红脖子粗，吼得“走火入魔”，只要观众叫声“好”，这吼戏者高兴程度不亚于获得什么大奖。人们认为，这才是真正的秦腔，听起来“过瘾”“解馋”“燎得太”。

秦腔的吼其实是放开了嗓子尽情地唱起来。一吼能使人清气上升，浊气下降，心情愉悦，精神振奋。干活累了，吼上两句秦腔，人就有劲儿了，也不乏了；行走中寂寞了，吼上两句秦腔，人就有精神了。吼是一种痛快的呐喊，也是一种淋漓尽致的宣泄。秦腔犹如一剂催化剂，活跃着人们的思维，让人们血液沸腾、精神鼓舞。

关中地区丘陵多，沟壑纵横，塬墚峁交错，如果你来过黄土地，如果你看过《秋菊打官司》，你就不难理解这一点。在这样的地貌特征下，人与人在生产劳动中交流，练就了一副大嗓门、粗喉咙，长期下来，也就形成了关中人唱戏如吼戏的特点。这也正反映了关中人耿直爽朗、慷慨好义的性格和淳朴敦厚、勤劳勇敢的民风。

“关中十大怪”造就了关中楞娃的形象，也反映了关中特有的秦文化。关中人豪放，不但表现在性情上，也体现在饮食文化上，面条长得像裤带，饼子大得像锅盖，这是一种何等的豪迈！西北高原那种博大、宽阔在饮食上表现得淋漓尽致。那又长又厚又宽的面条，筋筋的，越嚼越香，就像咀嚼几千年来中国的古文明，展示着关中大地那独特的传统风俗画卷。[②]

迎亲

第二节　特色关中　秦人百怪

关中究竟有多少“怪”？有人总结为“八大怪”，有人总结为“十大怪”，也有人说关中有“百怪”。所谓“怪”，其实说的是其独特性，是关中地区区别于其他地域的独特民俗，这些“怪”直观地展示了生活在关中大地上的秦人朴实却充满智慧的生活百态。

一、衣食住行嫽得太

1. 衣

1. 四季一身黑穿戴
2. 旧衣罩在新衣外
3. 穿厚棉裤敞胸怀
4. 大裆裤子没裤带
5. 棉裤棉袄光里外
6. 短衣套在长衣外
7. 反穿皮袄毛朝外
8. 男女帕帕头上戴
9. 衣服上下没口袋
10. 裹肚老少四季戴
11. 皮袄不穿披起来
12. 脚上窝窝像棺材

2. 食

1. 老碗会上古今摆
2. 不吃面条脾气怪
3. 饦饦能把牙崩坏
4. 有刀不用拿手掰
5. 羊肉泡馍大碗卖
6. 饭后碗碟舔起来
7. 大碗喝酒不耍赖
8. 饭锅能装一麻袋
9. 吃饭涎水倒回来
10. 扯面宽得像裤带
11. 锅盔大得像锅盖
12. 老碗小盆分不开
13. 有了辣子不吃菜
14. 井壁掏洞储蔬菜

做布鞋

15. 小吃小摊顺路摆
16. 饺子里面包盐块
17. 鸡蛋数着个个卖
18. 蒜苗大葱根根卖
19. 菠菜香菜把把卖
20. 板栗核桃拿碗卖
21. 红枣苹果堆堆卖
22. 鸡鱼不吃树下埋

3. 住

1. 有钱先把房子盖
2. 桩基争着往高盖
3. 城镇村院四方块
4. 院墙城墙分不开
5. 家家厢房半边盖
6. 盖房全部用土块
7. 天黑上床鼾声来
8. 热炕睡着好几代
9. 房里没人门大开
10. 家家浓烟散不开
11. 厨房案下卧猪仔
12. 窗纸糊在窗框外
13. 房梁上面架干柴
14. 墙角旮旯谝古代
15. 夏天全家睡屋外
16. 家家茅厕无遮盖
17. 盖个二层梯在外

4. 行

1. 手背身后走路快
2. 自行车上全家带
3. 人驾车辕牛在外
4. 走亲礼馍大筐抬
5. 问路大小先叫伯
6. 见面口称你富态
7. 逢会赶场不为买
8. 拿个行承挎起来

二、婚丧嫁娶就是怪

1. 提亲先探家好坏
2. 村里姑娘不对外
3. 姑娘出嫁高价“卖”
4. 亲家见面死活拽
5. 女儿出嫁娘悲哀
6. 新娘死活接不来

立木

7. 新娘进门火上迈
8. 闹起洞房胡乱来
9. 逢喜抹成花脸怪
10. 未死先把棺材买
11. 每逢丧事搭戏台
12. 哭丧说唱分不开
13. 灵前孝子麻将摆
14. 八十老人笑着埋

三、风俗习惯土得太

1. 戏

1. 老人都把皮影爱
2. 逢会唱戏台对台
3. 男人唱戏吼起来
4. 女人唱戏装病态
5. 每逢看戏挤破台
6. 墙头树杈当看台
7. 锣鼓能把耳震坏
8. 唱戏吵架分不开
9. 只听家伙人不来
10. 皮影三人能演开
11. 道情一人古今来

2. 习

1. 生冷憎倔性格怪
2. 说话吵架分不开
3. 老少都剃光脑袋
4. 翻脸不识好和歹
5. 板凳不坐蹲起来
6. 旱烟锅子脖项塞
7. 下雨下雪逢礼拜
8. 骂儿自己做捎代
9. 谈论谁时谁就来
10. 人人渴望变富态
11. 做事心头沉得太
12. 粗话满口随口带
13. 下雨争相跑屋外
14. 每有屎尿憋回来
15. 生气东西胡乱甩
16. 香烟不抽耳根塞
17. 婆娘抱娃夹在怀
18. 睡觉砖把枕头代
19. 娃娃名字猫狗代
20. 老爱参观老不改

漆材

21. 青年帽子歪着戴
22. 抬杠能把人气坏
23. 高人都把姓名埋
24. 文物当着瓦块甩
25. 一顶草帽四季戴
26. 小孩拉屎叫狗来
27. 自家性命不珍爱
28. 有病不看抗过来
29. 看字眼镜卸下来

3. 俗

1. 家家吃饭蹲门外
2. 老少无聊把杠抬
3. 兄弟分家二老拆
4. 种地好像修花台
5. 牲口不用自己来
6. 爸伯大大分不开
7. 甩手掌柜好自在
8. 闷头愣娃站成排
9. 邻居记仇传后代
10. 姨姑婶妈分不开
11. 婆娘上树比猴快
12. 粗人说话囊得太
13. 不分场合喂小孩
14. 信佛信教老太太
15. 固守家乡不出外
16. 同在异乡不往来
17. 皇上按着两行埋
18. 帝王陵前追老外

关中百怪，是展示在人们面前的一幅幅情趣盎然的关中地区风俗画卷。风俗自然不是一成不变的，随着经济的发展、社会的变革，风俗也在悄悄地改变着，如关中地区新兴的城镇，盖的都是楼房；羊肉泡馍在大饭店的宴席上已是用小碗盛上来的；在许多地方，人们不再板凳不坐蹲起来；下雨下雪逢礼拜的习俗也被商业化的忙碌所冲击，等等。但也必须承认，在许多地方，这类风俗依然存在着，仍然展示着关中历史的独特性。当然，展示并非完全的肯定，这些风俗凝聚着数千年来存在于关中民众中的创造性、活力和美，但也有历史的局限性。

关中百怪的歌谣从侧面反映了以前关中的很多风土人情，您如果来关中旅游，了解了风土人情，再看见这些现象，就不觉得奇怪了。

搓捻子

作者简介

李文龙　生于1966年，字了空，号土风山人，陕西省咸阳市人。1992年跟随著名画家、陕西画坛『鬼才』秦惠浪先生学习写意人物画，并成为其关门弟子。自幼习画，擅长中国人物画创作，尤其以《老腔》的关中风情人物画为代表，得益于长安画派的艺术熏陶，秉承中国画传统，形成了独特的艺术风格。

韩养民　西北大学教授，从事秦汉史、民俗学教学与研究40余年，出版专著《秦汉文化史》《中国风俗文化学》《风水与汉陵》，合著《中国民俗史·隋唐卷》等学术著作10余种，译著有《文化人类学》，小说有《关中古代战争演义》《风流皇帝》等，另主编《中国风俗丛书》《原生态中国节丛书》《节日长安丛书》《陕西文化百部丛书》等。此外，在国内外发表论文、散文、杂文、随笔等200余篇。

唐　群　咸阳师范学院历史系教授、博士生导师。主要从事文化史、地域民俗史的教学与研究。校学术委员会常务委员，地方史研究所所长。先后主持完成国家社科基金特别委托项目、省部级项目等10余项。出版书籍10部，发表文章50余篇。兼任秦汉新城历史文化顾问，关中民俗博物院民俗专家，咸阳电视台《今日咸阳》历史顾问及特约撰稿人，国家社科基金项目、教育部、省社科项目鉴定专家。

图书在版编目（CIP）数据

中国风俗图志. 关中卷 / 刘晓峰，李北山总主编；李文龙绘；韩养民，唐群著. —济南：泰山出版社，2020. 8

ISBN 978-7-5519-0585-5

Ⅰ. ① 中… Ⅱ. ① 刘… ② 李… ③ 李… ④ 韩… ⑤ 唐… Ⅲ.① 风俗习惯—陕西—图集 Ⅳ. ① K892-64

中国版本图书馆CIP数据核字（2020）第022851号

ZHONGGUO FENGSU TUZHI · GUANZHONG JUAN

中国风俗图志·关中卷

策　　划　胡　威
绘　　者　李文龙
著　　者　韩养民　唐　群
责任编辑　王艳艳
装帧设计　路渊源

出版发行　泰山出版社
社　　址　济南市泺源大街2号　邮编　250014
电　　话　综　合　部（0531）82023579　82022566
市场营销部（0531）82025510　82020455
网　　址　www.tscbs.com
电子信箱　tscbs@sohu.com
印　　刷　东港股份有限公司
开　　本　890毫米 × 1240毫米　16开
印　　张　18.25
字　　数　280千字
图　　片　105幅
版　　次　2020年8月第1版
印　　次　2020年8月第1次印刷
标准书号　ISBN 978-7-5519-0585-5
定　　价　106.00元